12 SECRET
PRODUCTIV

UNIQUE ®
TRAINING &
DEVELOPMENT

Greg Schinkel • Irwin Schinkel

12 secretos para aumentar la productividad de su personal

Si sus empleados no hacen lo que usted espera:

- Averigüe por qué
- Soluciónelo
- Evítelo en el futuro
- Convierta las situaciones negativas en relaciones positivas

Título original en inglés:

EMPLOYEES NOT DOING WHAT YOU EXPECT

Derechos Reservados

ISBN de libro electronicó: 978-0-9868290-2-4

ISBN de PDF: 978-0-9868290-6-2

ISBN Impreso: 978-0-9868290-3-1

Este libro está dedicado a:

Dios, quien es la fuente de nuestras habilidades naturales.

El Señor, nuestro líder con su ejemplo.

El espíritu que nos mueve a ser lídres comprensivos y competentes.

Nuestros clientes, que han compartido con tata disposición sus experiencias más difíciles.

Nuestras familias, que nos han alentado y apoyado.

Ustedes, nuestros lectores, quienes esperamos que se beneficien de estas experiencias y conocimientos.

RECONOCIMIENTOS

Este libro es la suma de todo lo que hemos investigado y vivido. Su contenido no proviene sólo de nosotros mismos, sino de muchos clientes que han compartido sus luchas y éxitos. Estamos agradecidos por la oportunidad de ser parte de sus vidas y desafíos. No hemos intentado citar todos los materiales, referencias y fuentes a los que hemos accedido durante la preparación de esta obra. Eso simplemente habría sido abrumador.

Para comenzar, agradecemos a Rob Way, ex editor de *London Business Magazine,* quien aceptó nuestros primeros artículos para su publicación y sugirió que incluyéramos un libro en nuestra lista de pendientes.

Nuestros lectores de contenido, Jeri Anderson, Doug Dolman, Jeff Keenor y Dick Lawrence, quienes fueron invaluables, primero por la diversidad de experiencias y conocimientos y, segundo, por su dedicación y perseverancia. Sus comentarios y sugerencias detalladas siempre fueron bien consideradas y apropiadas.

Los comentarios y experiencia de Natalie Allen, profesora de psicología de la Universidad de Western Ontario, dio algunas respuestas cuando fueron necesarias. De la misma manera, nuestro agradecimiento al Dr. David Krueger, por su permiso para usar extractos de su libro *Emotional Business.*

También debemos agradecer a Tamelynda Lux por las muchas horas que pasó introduciendo datos y corrigiendo, y a Marilyn Broad por sus correcciones. Andrew Borkowski, gracias por tu edición profesional y por añadir palabras y frases para hacer que el contenido fuese más comprensible y fácil de leer. A Gord Breckenreid, de Rapport Creative, nuestra apreciación por el diseño de portadas, y a Christine Mach, de Double Q Printing, que formó el manuscrito.

Finalmente, reconocemos a los muchos escritores que han escrito sobre temas similares e influido en nuestros pensamientos y percepciones en el curso de muchos años.

SOBRE LOS AUTORES

lrwin Schinkel terminó su educación empresarial en la Universidad McMaster, luego se unió a la automotriz más grande del mundo y sirvió en dos divisiones de importancia — una división de partes automotrices de alto volumen, altamente diversificada y en una división de equipo de transporte pesado que exportaba a veintinueve países. Ocupó puestos gerenciales en Ventas/Mercadeo, Planeación estratégica y Recursos Humanos. Eligiendo una jubilación temprana, estableció Unique Training Development Inc., en 1987. El enfoque de Irwin ha estado en proveer a empresas familiares, medianas y grandes de estrategias y aptitudes para enfrentar el cambio, y en ayudarlas a aprovechar las oportunidades de crecimiento. Es un apasionado creyente en que la gente de todos los niveles dentro de una organización necesita soluciones prácticas, aptitudes aplicables y estrategias logrables.

Greg Schinkel ha descubierto un secreto con el que la mayoría de la gente puede soñar: cómo conectar nuestros talentos y pasión naturales con nuestro trabajo. Como presidente de Unique Training & Development Inc., Greg es exitoso compartiendo estos conocimientos con líderes en cientos de empresas. Habiendo llegado a más de quinientas mil personas a través de sus escritos y apariciones por televisión y radio, entrenamiento y orientación, Greg es reconocido como un experto en liderazgo. Graduado de Richard Ivey School of Business, también ha servido como presidente de sucursal tanto de la Asociación Canadiense de Oradores Profesionales, como de la Asociación Canadiense de Empresas Familiares. Es socio del equipo de Unique Training and Development con un grupo selecto de clientes cada año para construir un liderazgo consistente de ejecutivos a gerentes de mandos intermedios y supervisores de primera línea y líderes de equipo. Greg ayuda a sus clientes a desarrollar una cultura responsable para lograr mejoramientos innovadores y sustentables.

Índice

Para comenzar 12

Los empleados no hacen lo que usted espera porque...

1 No saben qué es lo que espera........................... 23

2 Piensan que lo que están haciendo

     es aceptable... 38

3 Piensan que lo que están haciendo no

     es importante 49

4 Se sienten abrumados y confusos..................... 63

5 No saben cómo hacerlo.................................. 72

6 No tienen los recursos 83

7 Otros lo están evitando 91

8 No son los adecuados para el trabajo 100

9 Piensan que tienen algo que ganar y

     nada que perder.. 121

10 Están desilusionados y desmotivados 133

11 Tienen problemas personales significativos ... 143

12 Son deliberadamente disruptivos,

     destructivos, poco éticos o peligrosos............. 160

Cómo convertir las situaciones negativas en

     relaciones positivas.................................... 174

Ahora que lo sabe ... ¡HÁGALO! 184

Índice analítico 190

Para comenzar

Situaciones y secretos

En los talleres y situaciones de consultoría, los líderes nos cuentan sus historias de noches de insomnio, confrontaciones angustiantes y negatividad en el área de trabajo. Nos confían cómo los agota, daña su confianza y debilita su deseo de continuar.

Otros dicen que es una serie interminable de quejas mezquinas, falta de cooperación y desempeño marginal. Se sienten agotados, estresados y frustrados. No ven la luz al final del túnel, ni fin a la presión y el dolor.

Habiendo trabajado con miles de líderes, de supervisores a ejecutivos, en organizaciones grandes y pequeñas, aprendimos que sus experiencias son bastante parecidas. Las dificultades y los dolores de cabeza con la gente son su queja más común.

Pero con el correr de los años, hemos descubierto un hecho interesante. No *todos* los líderes sufren estas dificultades horrorosas. En las sesiones de entrenamiento, en las salas de conferencias y en los retiros de ejecutivos, hay quienes se sientan calladamente y dicen muy poco. No alardean. No se quejan. No son engreídos ni están satisfechos consigo mismos. Es sólo que tienen dos secretos. Primero, han aprendido cómo corregir los problemas de la gente de una manera que minimiza la recurrencia. Segundo, saben cómo convertir las confrontaciones negativas en relaciones positivas.

Utilizando este conocimiento, han eliminado la mayoría de sus problemas. Hacen que el liderazgo se vea sencillo y fácil. Algunos de ellos son tan adeptos a hacer esto, que pueden ser transferidos a cualquier departamento, en cualquier lugar, en cualquier organización y, en pocos meses, convierten a tigres rugientes en gatitos ronroneantes.

Este libro le dará la información y la seguridad para hacer lo mismo. Mientras que algunos gerentes desarrollan esta habilidad a lo largo de años de prueba y error, usted puede aprender el secreto de sus experiencias. Usted no tiene que sufrir y superar las dolorosas dificultades y problemas que tuvieron que soportar y superar ellos.

Un formato rápido y sencillo

A fin de hacer lo más sencillo posible el proceso de aprendizaje, este libro ha sido organizado y diseñado de una manera específica.

Primero, las cientos de razones por las que la gente no hace lo que esperamos han sido resumidas en doce de las razones más comunes, una en cada capítulo. Esto hace que la información sea más fácil de acceder, usar y recordar.

Segundo, los capítulos son progresivos. Los primeros capítulos cubren situaciones que se presentan más a menudo y que son los más fáciles de corregir. Los siguientes pocos capítulos presentan situaciones que ocurren con menos frecuencia y son más difíciles de modificar. Los capítulos finales están dedicados a esos factores que es menos probable que experimente pero que son serios, difíciles de manejar y que, a menudo, requieren de asistencia profesional para su resolución. Este diseño le brinda la información que necesita en una secuencia que le permite resolver los problemas más frecuentes más rápida y fácilmente.

Además, cada capítulo tiene una estructura específica. En cada uno de ellos preguntamos "¿por qué?" a fin de identificar no sólo la razón obvia para el problema, sino las causas subyacentes. Luego se desarrolla una conexión paso por paso de actitudes a resultados. Lo anterior es seguido por varias historias de la vida real (los nombres y otra información han sido cambiados para asegurar la confidencialidad). En cada caso, nos enteramos exactamente de qué fue lo que hizo el líder, las frases que utilizó con más efectividad y la manera en la que enfocaron estos problemas. Se profundiza más en las historias para mostrar cómo estos líderes se las arreglaron para evitar la mayoría de los problemas con los que luchan otros ejecutivos todos los días, cómo tratan las situaciones negativas como oportunidades y las corrigen de una manera que desarrolla y fortalece la relación del empleado.

Cada capítulo termina con observaciones y citas para profundizar su comprensión e inspirarlo. Finalmente, hay toques de humor a fin de hacer que la lectura sea más disfrutable.

Tres herramientas invaluables

Incluidas en esta sección se encuentran tres herramientas poderosas, de multipropósito que usted encontrará útiles en cualquier situación que se oriente a la gente. La primera es el diagrama de Proceso de Desempeño, que claramente muestra la conexión entre actitudes y resultados. La segunda es el proceso de Sondeo de Causa, completo con un ejemplo, a fin de hacerla más fácil de comprender y utilizar. La tercera es un párrafo corto que explica una manera más efectiva y basada en hechos para describir los problemas de la gente.

1. Comprendiendo el Proceso de Desempeño

Es importante para los líderes considerar los factores en

el proceso de pensamiento del empleado que afectan su desempeño en el lugar de trabajo. La gente trae una gran cantidad de experiencias y opiniones predeterminadas a un trabajo. Estas ideas moldean las respuestas emocionales que ocurren casi por reflejo. Las emociones pueden, a su vez influir en las acciones que producen los resultados que usted, como gerente, busca cambiar.

La siguiente gráfica ilustra cómo están conectadas las actitudes y los resultados:

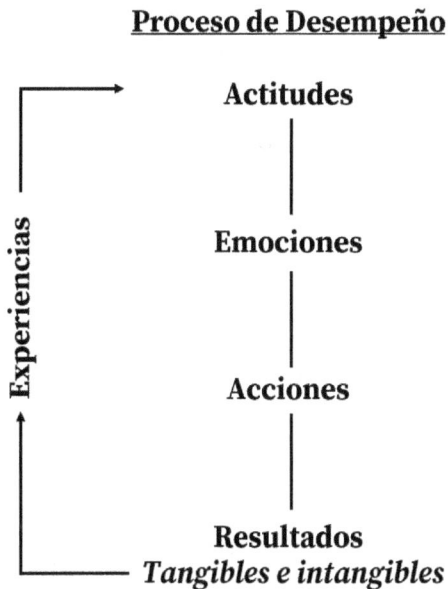

Proceso de Desempeño

Actitudes

Emociones

Acciones

Resultados
Tangibles e intangibles

Experiencias

Actitudes son nuestras creencias, percepciones, puntos de vista y perspectivas. Son lo que *pensamos;* nuestra interpretación de lo que vemos, oímos y vivimos. Las actitudes son hábitos de pensamiento. Se sostienen en relación con cosas que podrían incluir ciertas tareas, al jefe, o compañeros de trabajo. Están determinadas por nuestras creencias sobre otros, nosotros mismos y el mundo que nos rodea. De hecho, influyen en todo lo que hacemos. Cambie una actitud, una creencia, y habrá cambiado las reacciones y los resultados.

Emociones son *sentimientos* que colorean nuestras acciones. Estos van desde el amor al odio, del miedo a la confianza, de la atracción a la repulsión y de la dicha a la desesperación. Incluyen envidia, celos, disgusto y una docena más. Sin embargo, los psicólogos conductuales nos dicen que las dos emociones que generalmente nos motivan son nuestros miedos y nuestros deseos. El miedo a perder algo que valoramos o el deseo a obtener algo que es importante para nosotros. El "algo que valoramos" puede ser tangible, como el dinero, una casa, un viaje, etc. O puede ser algo intangible, como la seguridad, la atención, la aprobación, el respeto, el estatus o el sentimiento de logro.

El pensamiento racional puede controlar nuestras emociones y llevarnos a tomar decisiones lógicas en lugar de reaccionar a estados de ánimo y emociones pasajeros. En otras ocasiones, las emociones son tan fuertes que toman el control y anulan el pensamiento lógico.

Acciones son conductas. Incluyen todo lo que decimos y todo lo que no decimos, las cosas que hacemos y las que no hacemos, lo que buscamos y lo que evitamos. Las acciones son observables y medibles. Pueden estar bien planeadas o ser impulsivas, proactivas o reactivas. Con el tiempo, nuestras acciones tienden a convertirse en hábitos; hacemos ciertas cosas de cierta manera y las llevamos a cabo de manera automática. Los hábitos ahorran tiempo, pero pueden ser difíciles de cambiar y, por lo tanto, tienden a mantener la práctica actual.

Resultados son lo que se logra, alcanza o genera. Son los efectos, las consecuencias, el producto de las acciones tomadas. Estos resultados pueden ser tangibles y estar expresados en términos de cantidad, calidad y oportunidad, en términos de frecuencia o duración, o de objetivos logrados o no logrados. También hay resultados intangibles que incluyen la cooperación o el conflicto, la resistencia o el apoyo, la satisfacción o la insatisfacción. Debido a que estos resultados intangibles son importantes, se han desarrollado métodos para medirlos, utilizando entrevistas, cuestionarios y encuestas que se han desarrollado y que ahora son utilizados con más frecuencia.

Las actitudes determinan nuestras emociones, que influyen en nuestra elección de acciones en cualquier situación. A su vez, éstas determinan los resultados que logramos, los que podrían ser los que teníamos en mente y esperábamos, o ser justo lo opuesto de lo que esperábamos.

Cuando un líder comprende esta conexión está en una posición firme para cambiar un resultado insatisfactorio por otro mejor. Líder y empleado cosechan los beneficios y, es de esperar, la experiencia lleva a un cambio de actitud que ayudará a evitar que esa situación se repita en el futuro.

2. Sondeo de causas y prevención de problemas

Resolver los problemas de la gente es más efectivo cuando seguimos un proceso y comprendemos claramente los problemas antes de actuar. La acción inapropiada puede empeorar la oportunidad.

Describir el problema de un empleado en términos de conducta o resultados es un primer paso importante para corregir la situación. El paso siguiente es determinar *por qué* no están haciendo lo que esperamos, no sólo la causa más obvia, sino también la causa real, más profunda y de raíz. El proceso de sondeo descrito más abajo puede ser útil.

Comencemos con un ejemplo. Hemos escogido

deliberadamente una situación simple para plantear estos puntos. Primero, porque es más rápido y sencillo, segundo, porque también ilustra cómo hasta una situación menor puede ser irritante si se prolonga.

Para este ejercicio, estamos utilizando un tipo de problema de **resultados** y lo mostramos como tal.

DIRECCIONES	EJEMPLO
1. Tipo de problema	
Identifique el tipo de problema (¿es el resultado de una deficiencia o de una conducta?)	Deficiencia en el resultado.
2. Enunciado del problema	
Escriba un enunciado de uno o dos renglones.	Reportes generados por un empleado no se encuentran en el formato que espero.
3. Circunstancias	
Enumere brevemente algunos de los hechos claves respecto a las circunstancias (la persona, desempeño pasado, etc.).	Una persona nueva en este puesto, ningún problema previo. Esto podría parecer nimio, pero me irrita.
4. Causas más probables	
Revise las 12 razones por las que la gente no hace lo que esperamos y seleccione las dos o tres que piense que son las causas más probables en este caso.	La persona no sabe lo que espero. La persona piensa que lo que están haciendo es aceptable. La persona no sabe cómo hacer lo que espero.
5. Determine la causa real	
Acérquese a la persona de manera amistosa. Mencione algo positivo sobre el resultado logrado. Revise su expectativa. Pregunte si la persona necesita alguna información o instrucción.	*Buenos días, Martin. Gracias por el reporte que dejaste en mi escritorio. Parece estar correcto y completo. Sin embargo, prefiero un formato diferente. ¿Te he mencionado el formato que prefiero? (La respuesta es "No"). ¿Ayudaría si te muestro lo que quiero decir?*
6. Causa real	
Por la respuesta de la persona usted conoce la causa real.	Fue el hecho de que yo no había explicado que formato prefería y esperaba.
7. Acción correctiva	
Tome las acciones necesarias para corregir las deficiencias.	Expliqué simplemente el formato que prefería y por qué. Me asegure que supiese cómo y pudiera hacerlo.

Generalmente este es el punto en el que nos decimos "problema identificado, problema resuelto, tarea completada". Pero antes de felicitarnos con golpecitos en la espalda, deberíamos formular algunas preguntas. Dado que este es sólo un ejemplo y *queremos* sacar lo mejor de este libro, hagamos varias preguntas más y consideremos las respuestas posibles:

P: ¿Por qué el empleado no sabía qué era lo que yo esperaba?

R: Porque no expliqué qué quería y por qué.

P: ¿Por qué no lo expliqué?

R: Porque estaba demasiado ocupado o asumí que otra persona lo haría, o porque no pensé que era tan importante.

Seleccionando sólo una de estas posibilidades, indague un poco más:

P: ¿Por qué estoy demasiado ocupado como para informar e instruir con efectividad a un empleado nuevo?

R: Porque tenía otras tareas y responsabilidades que consideré más importantes.

R: Porque soy impaciente con los empleados y siento que ellos deberían saber lo que espero.

R: Porque no tengo tiempo para tareas tan triviales.

R: Porque estoy tan sobrecargado de trabajo que no me queda tiempo para mostrarle a la gente cómo hacerlo bien desde la primera vez.

R: Porque si no lo hago yo no queda bien hecho.

Preguntarnos "¿por qué?", varias veces tal vez nos haga sentirnos incómodos, pero esta tensión indica que nos estamos acercando a la causa raíz. Comenzamos a descubrir problemas sistémicos y / o acciones o actitudes de dirección que necesitan ser modificadas. Actuar para resolver la causa raíz más profunda de los problemas lleva a la *prevención* de problemas realmente efectiva. Resulta en una organización más efectiva y en relaciones más armoniosas con nuestra gente.

3. Descripción de las conductas y resultados—No de las actitudes

Muy a menudo, los gerentes describen el problema con un empleado diciendo que éste tiene un problema de "actitud" o que tiene una "actitud negativa". Estas son conjeturas que podrían o no ser correctas. Las actitudes negativas no necesariamente resultan en un desempeño insatisfactorio. Si la actitud negativa del empleado crea comportamiento negativo entonces, por supuesto, ese es un problema de desempeño. La mayoría de la gente puede controlar o suprimir algunas de las actitudes que tienen por un periodo de tiempo pero, eventualmente, afecta sus conductas y los resultados que logran. La dificultad es que nadie puede observar, tocar o medir la actitud. Si decimos "Usted tiene una mala actitud" a un empleado, esto puede llevar a una discusión larga y agria que no puede solucionarse con base en los hechos. **Es más objetivo, preciso y útil describir el problema de un empleado en términos de conductas observables o de resultados medibles.**

En este punto es igualmente importante revisar sus propias actitudes e impulsos. Si piensa que el empleado es descuidado o perezoso, sus acciones tenderán a ser negativas, su tono de voz, elección de palabras y expresión comunicarán una apariencia negativa. Generalmente obtendrá una respuesta más positiva del empleado si comienza por pensar "es probable que esta persona quiera desempeñarse bien, ¿cómo puedo entrenarlo mejor?"

Ahora está listo para comenzar con el Capítulo Uno. A medida que avance en cada capítulo sentirá la excitación al reconocer sus propias experiencias en las situaciones que examinamos. Sentirá que su confianza crece a medida que descubra las herramientas que necesita para ayudarlo como líder. Cuando termine, habrá experimentado el factor "ajá", ese sentimiento de "ahora entiendo" y el elemento "entonces ese es el secreto" del descubrimiento.

"A menudo es lo que aprendemos después de que pensamos que lo sabemos todo lo que es más importante, significativo y duradero."

—Los autores

1 No saben qué es lo que espera

¿Por qué?

- El empleado es nuevo en su departamento o tiene nuevas responsabilidades.
- Usted acaba de ser nombrado gerente y los empleados no están seguros sobre sus expectativas.
- Un cambio (tecnología nueva, clientes nuevos, cambio en las metas ejecutivas, reestructuración corporativa) ha creado la inseguridad entre los empleados.

En el entorno siempre cambiante del presente, y con el ritmo rápido del cambio, es fácil encontrarse en una situación en la que ni usted ni sus empleados tienen claro qué debería esperar de ellos. La confusión y la desilusión son los resultados.

La conexión: de actitudes a resultados

Cuando experimentan un cambio en los empleos, tareas, deberes o directivos, los empleados creen que alguien les dirá qué se espera y por qué es importante. Mientras que algunos toman la actitud de que el cambio es una oportunidad, otros podrían verlo como causa de preocupación.

A un nivel emocional, quieren desempeñarse bien y les gustaría que les aseguraran que podrán hacer lo que se requiere. Al mismo tiempo, se sienten nerviosos, aprehensivos e inseguros respecto a lo que espera el gerente.

Están preocupados porque no quieren cometer un error o descuidar algo importante. Algunos temen a las críticas o a perder el empleo. Cuanto mejor comprendan las expectativas, más seguros se vuelven. Con la seguridad llega el afán de probarse a sí mismos y a su capacidad.

Algunos empleados actúan (o evitan actuar y tomar decisiones) porque sienten que la conducta prudente es "jugar a la segura" hasta que "entiendan" la situación.

Otros, que son muy celosos y confiados, podrían abordar las tareas sin comprender verdaderamente los requerimientos.

Los resultados son que algunos empleados no están haciendo lo que usted espera. Puede haber errores y demoras, dado que algunos no se están desempeñando eficiente y efectivamente.

Tal como indica el siguiente ejemplo, el primer paso es que los gerentes definan claramente las normas de desempeño.

LOS GANADORES DEL MASTERS

Tiger Woods y Mike Weir son grandes golfistas y los dos han ganado el Masters Championship en el Augusta National Golf Club. Por lo tanto, sabemos que pueden ganar (lo han hecho antes). Sin embargo, ninguno de los dos juega un juego de golf perfecto. Juegan a su mejor capacidad, pero hasta ésta varía de un día al otro y de campo a campo.

Podríamos esperar que ganaran todas las veces, pero eso sería irrealista e irrazonable. Por lo tanto, los organizadores de los campeonatos establecen un nivel de expectativas que todos los jugadores tienen que alcanzar para que se les permita competir. Se llama "el corte". Aquellos que logran una puntuación más alta que "el corte" son eliminados; aquellos que logran una puntuación menor pueden llegar a las rondas finales. La mayoría de los profesionales establecen sus metas para terminar entre los primeros diez o con una puntuación que es su mejor marca personal. Sólo unos pocos esperan ganar el primer lugar todas las veces.

De la misma manera, cada gerente tiene que desarrollar una comprensión personal de cuáles expectativas son realistas y posibles de lograr. El directivo debe tener en mente una "norma" y darse cuenta de que, en ocasiones, los individuos excederán esa norma y en otras no. Con una norma lograble y claramente establecida en su mente, el gerente puede considerar el asunto de cómo comunicar mejor esas expectativas a los empleados.

LAS PROMESAS NO PAGAN EL PRÉSTAMO

Walter Baxter era el gerente de sucursal de una empresa de financiamiento al consumidor. Contrataba a varios cobradores nuevos todos los años. Este era un puesto con un índice alto de movimiento, debido a la naturaleza estresante de las responsabilidades de un cobrador. Debido a que Walter contrataba y entrenaba a esta gente con regularidad, había desarrollado un proceso de inicio efectivo. Comenzaba por decirle al nuevo recluta cuáles eran sus deberes, la situación y sus expectativas.

"Su trabajo", decía, "es visitar personalmente las casas de los clientes que no han hecho sus pagos a tiempo. Ellos ya han recibido recordatorios por correo y llamadas telefónicas. En más de una ocasión, han prometido pagar, pero no han cumplido sus promesas."

Luego Walter le decía al cobrador nuevo que su trabajo era visitar a esta gente y persuadirla de hacer una de tres cosas:

1. Darle al cobrador al menos un pago.
2. Acompañar al cobrador a la oficina para hablar con Walter.
3. Hablar con Walter por teléfono en presencia del

cobrador.

"¿Está claro?", preguntó Walter al cobrador nuevo." ¿Tiene alguna pregunta?"

Por lo general no hacían preguntas porque él había sido muy específico.

"Una cosa que *no debe hacer*", concluía con énfasis a fin de ser absolutamente claro, "es aceptar otra promesa de pago. Estos son los resultados que espero, pero hay un par de cosas más que debe comprender. Nunca debe tocar a la persona o amenazarla con daño físico. Siempre controle su humor y frustración. Finalmente, actúe y vístase como un profesional a fin de ganarse el respeto de la persona."

Walter nunca le decía al cobrador nuevo *cómo* persuadir al cliente de que pagara. Al día siguiente lo acompañaba a hacer sus visitas. Después del día inicial, Walter se reunía con su empleado nuevo al final de cada día en su oficina. Revisaba qué había logrado el cobrador y cómo había enfocado el desafío. Lo hacía pidiéndole al cobrador que explicase qué había hecho y por qué, y el resultado logrado.

Walter no le decía esto al cobrador, pero sabía que era normal que los nuevos aceptasen promesas de pago a pesar de que se les había dicho que no lo hicieran. Todos los días, Walter repetía las tres opciones aceptables y recordaba al cobrador que no debía aceptar promesas. En este punto, Walter ya había explicado claramente sus expectativas y había pasado a señalar sus indicadores de desempeño. Walter tomaba las tarjetas de pago de los clientes y las ponía conspicuamente en la esquina derecha de su escritorio.

"Si el cliente viene y hace un pago como prometió", decía deliberadamente, "su tarjeta no estará en esta pila cuando nos reunamos el viernes. Estas tarjetas son el indicador de cuán bien se está desempeñando usted. Es la manera en la que medimos su porcentaje de éxito."

Por lo general, día a día, la pila de tarjetas aumentaba en lugar de disminuir. El cobrador observaba con miedo mientras se acumulaban. Para el viernes de la primera semana, Walter conocía en términos medibles el porcentaje natural de éxito del empleado nuevo. Sabía algo de sobre cómo pensaba éste y cuán asertivo y persuasivo era. El cobrador sabía que Walter era firme en sus expectativas. No había puertas de escape. No había espacio, no había compromiso.

De una manera amigable, Walter también intentaba modificar las creencias y percepciones del cobrador sobre los deudores y sus conductas.

"Cuando los cobradores comienzan a trabajar con nosotros", decía, "casi siempre piensan que todos los clientes son básicamente honestos, quieren pagar y pagarán si se les da la oportunidad. Bueno, es viernes y ve la pila de tarjetas. Esta gente no ha pagado. Es por ello que decimos que hay sólo tres opciones aceptables."

Después de preparar mentalmente al cobrador de esta manera, preguntaba: "¿Tenían teléfono todas estas personas?"

La respuesta, por supuesto, era *sí*.

"Entonces, aun cuando no pudieran pagar podían haber hablado conmigo por teléfono, ¿no es así?"

La respuesta, nuevamente, era *sí*.

"Ahora debo decirle que la razón básica por la que no pagaron", continuaba Walter, "es que usted no insistió en ello. Les facilitó las cosas."

Con eso, Walter decía: "Ahora usted ya está preparado para escuchar el secreto para tener éxito como cobrador. Este secreto es: no abandone las premisas del cliente sin lograr una de las tres opciones que le di".

Decirles esto a los cobradores cambiaba su punto de

vista e influía en sus acciones y sus resultados. A partir de este momento, los cobradores o se comprometían con las expectativas de Walter y lograban los resultados o abandonaban la empresa porque su personalidad no se ajustaba a la situación.

El proceso de Walter demuestra la importancia de establecer claramente expectativas simples y basadas en el desempeño. Comenzó por dar una descripción de la **situación** que viviría el empleado. Luego enumeraba sus expectativas en términos de **resultados** requeridos. En el camino, mencionaba todas las expectativas que tenía en el área de **conductas** que eran **necesarias para el empleo** y las conductas que **no estaban permitidas**. Walter siempre identificaba uno o más indicadores del éxito y ofrecía **sugerencias** para mejorar el porcentaje de éxito del empleado. Finalmente, **esbozaba un programa** para discusiones sobre el avance regulares y continuas.

También es importante notar un aspecto clave del enfoque de Walter: una vez que explicaba sus expectativas, *nunca* las cambiaba.

ENCUENTRE UNA MANERA, NO UNA EXCUSA

Diane, la heroína de nuestra próxima historia, ofrece un ejemplo de cómo la aplicación continua de expectativas claramente establecidas y consistentemente aplicadas, da sus frutos en tiempos de crisis.

Debido a problemas familiares, Diane comenzó a trabajar en la línea de ensamblado de una planta de autopartes antes de graduarse de la escuela. Su energía, determinación y habilidades con la gente le valieron un ascenso a supervisor de primera línea en tres años, luego, seis años después a superintendente y, finalmente, a gerente de planta.

Cuando los autores la conocieron, ella era la única mujer

que había logrado este estatus en cualquiera de las veintiséis plantas norteamericanas de la corporación. Su planta de quinientos empleados estaba calificada entre las tres primeras por desempeño. Pero su logro más orgulloso, que compartía con muy pocos, fue una ocasión en la que mantuvo la planta funcionando durante una fuerte tormenta de nieve.

Alrededor de la mitad de los empleados de la planta pudieron llegar a trabajar ese día, pero ninguno de los supervisores pudo presentarse. Ella caminó por las líneas de ensamblaje, agradeciendo a los empleados por haber hecho el tremendo esfuerzo de estar allí. Luego los desafió a trabajar sin supervisores. En cada departamento preguntó: "¿Podemos operar sin el supervisor y aún así hacer los envíos de hoy?"

Sin excepción, los trabajadores respondieron: "Puede apostar a que podemos".

"Estoy aquí para apoyarlos y ayudarlos en todo lo que sea posible", dijo Diane, "pero no puedo estar en todas partes, así que tendremos que hacer lo siguiente: hoy voy a ser una coordinadora. Caminaré por cada departamento cada noventa minutos y preguntaré qué necesitan. Así que comiencen. Mantengan la calidad alta y los desechos bajos. Cubramos las cifras de hoy. Piensen en lo que necesitan al menos dos horas antes y yo haré todo lo que pueda por traérselos."

Luego sucedió la magia—una increíble mezcla de esfuerzo, orgullo, diversión, desafío y cooperación. Comenzó lentamente y creció hora tras hora. ¿Era el resultado de una mujer sola y determinada? ¿Era la inmensidad del desafío? ¿Era la confianza mutua porque la conocían y ella los conocía a ellos?

Hasta el día de hoy, Diane dice que no sabe exactamente qué o por qué sucedió. Al final de ese día, ella hizo un recorrido final por la planta, agradeciendo a los empleados diciéndoles que eran héroes. Todos sabían que algo increíble había sucedido. Todos habían sido parte de ello y no querían que terminase. Al final del día, no querían irse a casa.

Diane cree que la dedicación y el desempeño del empleado comienzan con las expectativas claras, pero no es sólo lo que uno dice, también es cómo se dice. Tiene que ser hecho de una manera que comunique que están en esto juntos. La implicación es: "Tenemos que hacer esto y yo estaré aquí para ayudarlos a tener éxito".

Cuando prepara a un supervisor recién nombrado para el piso de ventas, Diane sigue una rutina regular. Comienza con una discusión de las experiencias pasadas del recién llegado, que por lo general ha sido como empleados pagados por hora en la planta o en una firma similar en el área.

Luego enumera sus resultados requeridos al nuevo supervisor, citando tres cosas que se deben asegurar de que ellos y su gente logren todos los días:

1. Producir el *volumen* requerido por el programa del día, porque la empresa es una proveedora "justo a tiempo" y hay severas penalidades por no cumplir con el plazo de entrega a un cliente.

2. Cubrir los *estándares de calidad* a fin de asegurar la satisfacción del cliente. Jamás enviar partes defectuosas sólo para cumplir con los plazos de tiempo.

3. Asegurar la *seguridad de los empleados* al vigilar y corregir actos y condiciones inseguros.

Diane continúa enumerando las **conductas** que espera y en las que insiste. "Si se equivoca y comete un error", dice, *"cuéntemelo primero,* antes de que alguien más venga con el cuento. De esa manera puedo explicar y apoyarlo."

Enfatiza que la honestidad es obligatoria. "Nunca

modifique los números en sus reportes. Destruye la utilidad de la información para otros departamentos. La información precisa es esencial tanto para resolver problemas como para planear la producción."

El mismo principio se aplica a las comunicaciones con quienes trabajan bajo su supervisión. "Sea una flecha derecha", urge Diane. "Dé respuestas honestas, aliéntelos, conózcalos y no utilice el sarcasmo. Gánese el respeto y la confianza de sus empleados al no amenazarlos nunca." Luego continúa: Esto podría parecer imposible, pero no utilice malas palabras. Aun cuando es común y todos parecen hacerlo, incluyendo a los actores en los programas de TV, usted ganará respeto si no las utiliza".

A fin de que se faciliten el trabajo, Diane alienta a sus supervisores a caminar a través de sus departamentos todos los días, diez minutos antes del inicio de labores, a fin de asegurarse de que todo esté listo para sus empleados (por ejemplo que los materiales y suministros estén en su lugar y cerciorarse de que el equipo sea operacional). Luego les dice que establezcan una rutina y que comuniquen sus expectativas a su gente.

"Hágalo caminando por el departamento nuevamente poco después de la hora de inicio de labores", dice. "Pregunte a cada persona si hay problemas o necesita algo. Entrénelos a pensar y a planear con anticipación. De otra manera, abandonarán constantemente su puesto de trabajo para encontrarlo a usted, interrumpiéndolo con pedidos. Antes de mucho tiempo lo habrán convertido en un 'recadero' en lugar de un supervisor. Estará corriendo de un lado al otro y habrá perdido el control."

El tercer consejo de Diane a los supervisores es checar brevemente la producción de cada operador durante su caminata, a fin de asegurarse de que se están produciendo productos de calidad y no desechos. Si se encuentran en un sistema de incentivos, podrían sentirse tentados a ignorar la calidad para lograr sus metas. "Al mismo tiempo", dice Diane, "sea amistoso y vigile los problemas potenciales de seguridad."

Cuarto, le dice a los supervisores que se aseguren de que hay instrucciones de trabajo precisas y actualizadas en todas las estaciones de trabajo, y de que cada empleado ha sido entrenado para hacer su trabajo correctamente. "Tome un interés personal en entrenar al empleado. Si delega el entrenamiento a otro empleado, asegúrese de que el entrenador siga un proceso efectivo. Personalmente dé seguimiento más tarde en el día, y nuevamente al día siguiente, y pida al empleado nuevo que describa lo que están haciendo, cómo lo están haciendo y por qué es importante."

Diane toma de su propia experiencia cuando describe cómo comunicaba las expectativas a los empleados nuevos. Utiliza una hoja de papel en blanco, traza una línea separándola en dos mitades, en la mitad superior escribe "lo que usted puede esperar de mí", y "lo que espero de usted" en la mitad inferior. Luego escribe lo siguiente:

Lo que usted puede esperar de mí:

- Ser provisto de artículos e instrucciones de seguridad.
- Recibir su pago a tiempo todas las semanas.
- Recibir un cheque de pago correcto.
- Que escucharé y ayudaré si usted tiene un problema o dificultad.
- Ser tratado con cortesía y respeto.

Lo que espero de usted:

- Que utilice adecuadamente los artículos de seguridad y que trabaje de manera segura.
- Que haga su trabajo correctamente desde la primera vez y que siga las instrucciones de trabajo entregadas.
- Que esté aquí a tiempo todos los días.
- Que si tiene un problema personal o de salud me lo diga ni bien sepa que va a afectar su asistencia.
- Que escuche y ayude si tengo una dificultad o problema.
- Que me trate a mí y a los otros con cortesía y respeto.
- Que me informe si no puede satisfacer alguna de estas expectativas.

Cuando se revisan las expectativas de Diane y su método cuidadoso de comunicarlas, uno se da cuenta de lo que pasó el día de esa tormenta de nieve podrá haber sido magia, pero la magia no fue accidental.

¡NO SOMOS COMERCIANTES DE DESECHOS Y ESTAMOS ORGULLOSOS!

Un recién nombrado gerente general no tenía pelos en la lengua cuando hablaba con sus empleados por primera vez: "¿Quiere saber qué espero de todos nosotros?" Es simplemente esto:

1. No aceptamos desechos.
2. No producimos desechos.
3. No entregamos desechos —ni a nuestros clientes, ni entre nosotros.

"Por lo tanto", concluía, "podemos estar orgullosos de lo que producimos, orgullosos unos de otros, y orgullosos de nosotros mismos."

Las expectativas son mejores cuando son breves, concretas y memorables.

¿Cuándo y por qué ocurre este tipo de problema?

Muy probablemente, los empleados no saben qué espera de ellos cuando son nuevos en sus puestos o en algún departamento. También puede suceder cuando hay cambios de gerentes, tecnología, ubicación, procesos o políticas.

Las razones *por las que* ocurre la confusión generalmente están conectadas al cambio de circunstancias. Un nuevo gerente podría estar inseguro sobre cuáles deberían ser las expectativas. Un gerente experimentado podría tener problemas para establecer expectativas realistas cuando ha habido cambios significativos en el equipo, materiales, procesos, gente, productos o acuerdos contractuales.

Variaciones de este problema

Cuando los empleados no saben qué esperar, el problema se puede expresar a sí mismo de varias maneras diferentes. Los empleados podrían decir que no saben *por qué* deben hacer un trabajo de cierta manera. Podrían saber qué hacer, pero no cuán bien y cuán rápido debe hacerse. Su falta de comprensión podría registrarse como *miedo* a cometer un error. El desempeño podría ser insatisfactorio porque los empleados sienten que es mejor esperar hasta que les digan qué se espera de ellos. Aun cuando se les haya dicho, podrían seguir dudando o cometer errores porque no están seguros de cómo será evaluado el desempeño, o cuán bien debe realizarse el trabajo.

Corregir el problema y prevenirlo en el futuro

Cuando experimenta un problema de desempeño de los empleados, asegúrese de que la persona o personas involucradas sepan qué es lo que usted espera y por qué:

- De manera amistosa pregúnteles si saben qué es lo que usted espera de ellos. Acepte y refuerce las respuestas que sean correctas. Pídales que eliminen aquellas conductas que no son aplicables y que ajusten aquellas que deban ser modificadas.
- Pregunte: "¿Hay algo que no entienda ahora?" Confirme preguntando: "¿Puedo contar con que usted satisfaga estas expectativas de ahora en más?"
- Haga esto en la primera oportunidad que tenga de sostener una conversación privada una vez que el problema sea detectado.

Los grandes gerentes y líderes evitan problemas al comunicar expectativas claras. En algunas organizaciones, éstas se presentan en la forma de descripciones de trabajo desarrolladas y provistas por el Departamento de Recursos Humanos. En ocasiones están escritas con base en los **Resultados**, otras veces con base en las **Actividades o Funciones**, y aún otras son simplemente una larga lista de **Tareas.** Todas ellas tienen un cierto grado de utilidad.

Todavía mejor, vaya un poco más lejos al describir qué espera en términos de:

- **Resultados claves**: los elementos claves del puesto generalmente sumarán entre tres y siete rendimientos medibles.

- **Indicadores**: identifique los indicadores que usted y el individuo utilizarán para determinar el nivel de desempeño.
- **Actividades importantes**: acciones requeridas para lograr los resultados. ¿Qué tiene que hacer la persona para obtener los resultados esperados?
- **Tareas**: una lista de tareas puede ser útil en algunas situaciones. Sin embargo, las listas de tareas largas tienden a desviar de los Resultados Claves y pueden resultar en debates sobre "quién hace qué".
- **Reglas de conducta**: son guías para la conducta personal de los empleados. Muchas empresas las imprimen como un manual de Guía de Conducta.
- **Reportes**: una descripción o gráfico organizacional que indica a quién se reporta la persona.
- **Códigos de vestimenta**: algunas organizaciones tienen ahora definida esta área debido a requisitos legales, gubernamentales, contractuales o de clientes, otras no.

Rara vez las organizaciones explican las expectativas en todas las áreas anteriores. Esto se hace sólo para aquellas significativas para el puesto y el desempeño deseado. Como gerente, depende de usted identificar cuáles de las anteriores son las requeridas para asegurar que sus expectativas de desempeño sean cubiertas.

Observaciones

Cuando los cambios ocurren en números más altos y con urgencia mayor dentro de su organización, existe la urgencia de discutir las expectativas con más frecuencia.

Desarrolle las expectativas en una junta separada y antes de una junta de revisión de desempeño.

Ofrezca sugerencias útiles para hacer que el trabajo sea más sencillo y señale los obstáculos potenciales.

Cuanto mejor entrenado y más experimentado está el empleado, menos necesita que le digan *cómo* hacer su trabajo. Déjeselo a ellos a no ser que haya sólo un método correcto y aceptable.

Evite sabotear el proceso de expectativas debilitando sus resultados esperados, ignorando los resultados reales o saltándose los pasos de seguimiento o sugerencias.

"Lo que usted espera e inspecciona generalmente será hecho"
—Anónimo

Una pausa para sonreír

"¡Si no espera triunfar la primera y todas las veces, esquiar no es para usted!"
—Anónimo

2 Piensan que lo que están haciendo es aceptable

¿Por qué?

Nadie ha comentado o se ha quejado de lo que están o no están haciendo.

"¿Problema? ¿Cuál problema? Lo que sea que estamos haciendo debe estar bien. ¡Nadie ha dicho lo contrario!" Los empleados hacen lo que se espera —al grado que es aceptado. Cuando nadie de la gerencia expresa preocupación, ¿por qué deberían hacer más? En ocasiones, están haciendo lo que se espera de ellos, pero podrían hacer más. Los atajos se filtran a las rutinas de trabajo y se convierten en cortocircuitos. A menudo, los gerentes no tienen idea de que esto está sucediendo hasta que las cosas se tornan demasiado relajadas, la productividad desciende y se dan cuenta de que las cosas no son como deberían ser.

La conexión: de actitudes a resultados

Los empleados creen que el gerente a cargo los informará cuando tengan que "hacerlo mejor, hacerlo diferente o hacer más".

Asumen que deben estar haciendo lo suficiente porque nadie se ha quejado. Algunos creen que hacer más sería simplemente tonto e insatisfactorio. En algunos casos, hacer más podría resultar en quejas de otros que no quieren "quedar en evidencia".

Después de un tiempo en un puesto dado, la gente encuentra su "zona de confort" y hace lo que siente que es "suficiente" a un ritmo tranquilo.

Si el gerente no comunica ninguna preocupación, la única manera en la que los empleados pueden averiguar qué es aceptable es *reducir* su esfuerzo. Si después de eso el gerente hace un comentario, han definido qué es aceptable al haber aprendido cuáles son los límites *más bajos* de desempeño. Identifican qué conductas y resultados generalmente generan penalizaciones (tales como comentarios negativos o advertencias más serias). Si el gerente evita comentar durante un periodo prolongado, el desempeño y la productividad descenderán gradualmente.

Los resultados son que mientras la situación sea tolerada, las conductas se volverán más frecuentes y dominantes. Eventualmente, la empresa descubre que no sólo ha disminuido la productividad, sino que la calidad se ha convertido en un problema, las entregas están demoradas y, en casos extremos, la empresa se vuelve no-competitiva.

UN "RAYO" DE ENTENDIMIENTO

Keith era un gerente de planta y, un día durante una visita de los autores, se dejó caer pesadamente en una silla de Recursos Humanos y dijo: "Necesito un café, me siento frustrado".

Le preguntamos qué problema tenía.

"Cuando camino por la planta" respondió, "veo algo con mis ojos, pero mi instinto me dice que algo está mal, aunque mi cerebro no ha decidido de qué se trata."

Dos días después estaba obviamente más relajado. "Bueno, finalmente lo resolví" dijo. "Debo haber caminado una docena de veces por esa planta antes de darme cuenta. Al fin me di cuenta de que eran las chispas de soldadura."

Keith explicó que tenía treinta y siete soldadores trabajando, pero cuando caminaba por la planta sólo veía cinco o seis chispazos de soldadura. Eso significaba que sólo un diez o quince por ciento de los soldadores estaban en realidad trabajando. Cuando miró más detenidamente, vio que los otros estaban de pie por ahí o sentados en grupos mirando planos, listas de especificaciones, o simplemente conversando.

"¿Y cómo lo manejó?" preguntamos.

"Fue sencillo" dijo Keith. "Simplemente me acerqué a cada grupo y pregunté si tenían algún problema con el que pudiera ayudarlos. En todos los casos la respuesta fue 'No, ya lo resolvimos' y volvieron a soldar."

Keith aprovechó la oportunidad, al hablar con los soldadores, para decirles que eran los mejores de esa parte del país. Señaló que el contrato para los vehículos nuevos en los que estaban trabajando era el más importante que había obtenido la empresa. "El cliente necesita estas unidades", les dijo. "Démosle la mejor calidad, entregada a tiempo. Sé que podemos hacerlo."

Con una sencilla pregunta a los soldadores: "¿Tienen algún problema con el que pueda ayudarlos?", Keith corrigió la situación. El caso es un ejemplo excelente de cómo al formularse una pregunta simple (nuestro buen amigo "¿Por qué?"), un gerente puede llegar a la raíz de un problema.

La mayoría de los soldadores de Keith no estaban soldando. *¿Por qué?* Porque era más sencillo no hacerlo, y nadie en la gerencia les había dicho nada que indicase que había un problema. *¿Por qué?* Los supervisores no se dieron cuenta de lo que estaba pasando (y no estaba pasando). *¿Por qué?* Porque eran nuevos en el departamento y aunque habían sido entrenados en supervisión básica, los requisitos de seguridad y la preparación de reportes, no sabían cómo determinar la productividad a través de la observación. *¿Por qué?* La gerencia no había desarrollado las expectativas y los indicadores para sus supervisores. *¿Por qué?* Porque esta era una situación de inicio con un producto nuevo, y no reconocieron la necesidad.

Keith corrigió la situación programando una reunión de producción con los supervisores y supervisores generales, no para "llamarles la atención", sino para compartir lo que él sabía.

Admitió que él, tampoco, se había dado cuenta de lo que estaba sucediendo, y luego mencionó la importancia del contrato y la necesidad de estar atentos al desempeño y necesidades de los empleados.

DESPEGARON HACIA UNA RECOMPENSA PERSONAL

En ocasiones, tanto los individuos como las organizaciones se desempeñan según las expectativas y metas preestablecidas, pero están logrando menos de lo que en realidad es posible. Es decir, se están desempeñando por debajo de su potencial real.

Vea a Ralph quien, como CEO corporativo, tenía una situación similar a la de Keith, pero a nivel ejecutivo.

Como Keith, Ralph tenía un sentimiento de incomodidad, de que algo estaba mal, en una de las divisiones de su empresa. La rentabilidad había sido sobresaliente, pero estaba comenzando a mostrar algunos declives pequeños. Ralph también se sentía mal por el hecho de que, en una ocasión, cuando llamó al gerente general un miércoles, el directivo no estaba disponible. La gente del corporativo, al regresar de visitar a esa división, comentaba que parecía haber un problema de ausentismo. Creyendo en el dicho "Cuando hay humo hay fuego", Ralph formó un equipo compuesto por el vicepresidente de Recursos Humanos, el de

Manufactura y el de Finanzas, y programó un vuelo chárter a fin de llevarlos a dicha división.

Programaron la partida a las 5:30 a.m. y llegaron a la división a las 7:30 a.m. Ralph fue directamente a la oficina del gerente general para esperar su llegada y la de su asistente ejecutivo. El vicepresidente de Recursos Humanos fue asignado a la entrada principal para monitorear las llegadas a las oficinas, y el vicepresidente de Manufactura fue de inmediato a recorrer la planta.

En pocos minutos, ya sabían que los ocho miembros del equipo de altos directivos estaban jugando golf y que este era un evento semanal habitual. El vicepresidente de Recursos Humanos revisó las llegadas de los empleados de las oficinas y descubrió que el veintinueve por ciento llegó tarde. La mayoría llegó menos de media hora tarde, pero algunos llegaron con casi una hora de retraso. En la planta, la situación no era tan seria, pero los supervisores admitieron que los retrasos y el ausentismo eran un problema creciente. Para el equipo de visitantes estaba claro que el problema era mayor a un juego de golf o a las llegadas tarde; un sentimiento general de relajación, falta de urgencia y un esfuerzo disminuido habían inundado la división.

Cuando el equipo de Ralph se reunió en la sala de juntas, él resumió la situación en una oración: "Se han vuelto gordos y perezosos".

Luego continuó explicando la razón. "Se han concentrado en superar los resultados del año pasado y el presupuesto, en lugar de maximizar el potencial de ganancias y participación de mercado disponibles. Nuestras expectativas de esta división obviamente han sido demasiado bajas, y dado que están superando el presupuesto no hemos estado prestando atención a la situación que hay aquí."

Ralph decidió que el equipo se quedaría y confrontaría a los golfistas errantes cuando regresaran. Mientras tanto, le pidió a su vicepresidente de Finanzas que se reuniera con gerentes claves del Departamento de Finanzas para revisar los reportes de desempeño y los pronósticos y para formular posibles metas de crecimiento (objetivos que desafiarían a la división a exceder los niveles "obligatorios" de las expectativas de la gerencia). Luego, programó una junta para finales de la tarde y pidió que se les avisase a dos grupos que debían asistir: primero a los ejecutivos golfistas y, segundo, a aquellos gerentes que normalmente se reportaban con ellos.

Era un grupo grande el que se reunió a las 3:30 p.m. en la sala de conferencias. No hubo bromas, nada de conversación, sólo aprehensión, tensión y miedo.

Mientras se preparaba para esta junta, Ralph había considerado muchas opciones, incluyendo la de despedir a todo el equipo de directivos, o despedir al gerente general y cancelar los aumentos de sueldo y bonificaciones programados a algunos o todos. Estaba enojado y sus impulsos eran castigar a toda esta gente. Todas las opciones que consideró en un principio eran negativas. Tenía ante sí las recomendaciones de los vicepresidentes de Finanzas, Recursos Humanos y Manufactura, y sus metas de crecimiento. Estaba tentado a despedir a los golfistas y a hacerlo frente a sus subordinados.

En su lugar, no pronunció ni una palabra por más de un minuto. En silencio, miró a cada persona directamente y sostuvo su mirada por algunos segundos que parecieron siglos. Luego dijo lentamente: "Cada uno de ustedes es un gerente inteligente, capaz y experimentado. Individualmente y como grupo, ustedes han hecho crecer esta división y la han hecho redituable. En algún momento yo he aprobado sus revisiones de desempeño, aumentos de sueldo y bonos. Ustedes han tenido mi confianza y respeto."

Ralph comparó la situación a una mancha negra de grasa en una camisa blanca. No era sólo el jugar golf en horas de trabajo, era el hecho de que el mal hábito de unos pocos había establecido un ejemplo negativo para los empleados en general.

"Mi primer impulso fue despedir a uno o a algunos de ustedes", dijo. "Pero hubiese dañado sus carreras y perjudicado a sus familias por muchos años. He considerado imponer metas de castigo que los hubieran mantenido trabajando noche y día.

"He decidido no hacer ninguna de las dos cosas. Creo que ustedes han aprendido la lección y que esto jamás volverá a suceder. En lugar de todo lo anterior les dejaré a todos una tarea."

Les dijo a los gerentes que su equipo regresaría en una semana. En ese momento, dijo, esperaba que le informaran qué cambios de personal, qué prácticas y cambios de reportes se harían en la división.

"Ustedes nos dirán a nosotros qué se comprometen a lograr", concluyó Ralph. "Díganos y luego muéstrennos qué es lo que son realmente capaces de lograr trabajando con el potencial real." Con esas palabras, el equipo se despidió.

Ralph puso la responsabilidad donde debía estar, en el comité ejecutivo divisional. Podría haber establecido las nuevas metas difíciles, pero entonces éstas hubiesen sido sus objetivos. De esta manera, ellos serían las metas *de la división* (que podrían haber sido más altas que las suyas). Pero la posesión y la responsabilidad por esas metas sería solamente de ellos.

Los resultados tangibles de la reevaluación del comité fueron: aumento en los ingresos por ventas, aumento en los beneficios, reducción en los niveles de empleados y costos.

Los resultados intangibles fueron: reducción del ausentismo, mayor trabajo en equipo, un tremendo espíritu nuevo de logro y una mayor confianza en lo que se puede hacer por parte de la fuerza de trabajo.

¿Cuándo y por qué ocurre este tipo de problema?

Muy a menudo, la gente piensa equivocadamente que lo que está haciendo es aceptable cuando nosotros, como supervisores y gerentes, enfocamos toda nuestra atención en los problemas y no inspeccionamos, apreciamos, apoyamos y reconocemos las actividades rutinarias que se están llevando a cabo bien. Como los empleados, asumimos que todo se está haciendo de acuerdo a los requerimientos y no monitoreamos, damos seguimiento o aportamos retroalimentación positiva.

El descuido se filtra al lugar de trabajo porque la atención de la gerencia está en otra parte y se asume que las expectativas están siendo cubiertas.

Algunos empleados perciben esta falta de atención y de inspección como una oportunidad de hacer menos o de desempeñarse mal.

Variaciones de este problema

Podría escuchar empleados que piensan erróneamente que lo que están haciendo es aceptable, decir cosas como: "Estoy haciendo lo suficiente" o "Necesito tomarlo con calma".

Piensan que se han ganado el derecho a relajarse, que no hay ningún problema o la gerencia hubiese dicho algo. Algunos piensan que lo que están haciendo es aceptable porque están haciendo "lo que hacen todos los demás".

45

¿Por qué piensan eso?

Porque el gerente no les ha dicho nada contrario a eso.

Corregir el problema y prevenirlo en el futuro

A fin de darnos cuenta de conductas o resultados inaceptables en nuestra área de responsabilidad, tenemos que:

- Periódicamente, caminemos por todas las partes de todas las operaciones bajo nuestra dirección (tanto internas como externas). Al hacer el recorrido, hablar y escuchar, observar el esfuerzo de los empleados y las condiciones generales de éstos.

- Hagamos una obligación de inspeccionar algunos de los resultados finales y de examinar aquellas áreas en las que se almacenan los rechazos, retrabajos, reemplazos y desechos.

- Cuando reconocemos las conductas o desempeños negativos, las palabras más poderosas que podemos usar son: "Esto no es satisfactorio, ¿con cuánta rapidez puede corregirlo?" Siempre se debe dar seguimiento a las situaciones inaceptables a fin de asegurarnos de que hayan sido corregidas con prontitud.

La manera de prevenir que se presenten problemas nuevamente es:

- Buscando oportunidades para **ver por sí mismo** qué está sucediendo en la planta, oficina o área y apúntelo en su agenda.

- **Hablando directamente** con los empleados que hacen el trabajo. Pregunte qué está yendo bien y qué está causando frustraciones. Formúlele las mismas preguntas al supervisor o gerente del área o departamento. Comparta lo que usted siente que está saliendo bien y qué espera lograr. Dé seguimiento a fin de intentar eliminar las causas de sus frustraciones.

* Siendo un **"observador de procesos"**. Encuentre una posición de ventaja y manténgase ahí por diez o quince minutos. Note el nivel de actividad, el ritmo, los cuellos de botella, quién está haciendo qué, o no está haciendo nada; el equipo que está operando o no está operando; cuán llenas están las áreas de desechos o de retrabajo. Cuando esté en el área de servicio al cliente, pregunte si el número de llamadas ha subido o bajado y qué están diciendo y preguntando los clientes.

* **Reconozca**, **aliente** y **apoye** lo que se está haciendo correctamente. Manténgase particularmente alerta a los logros y prácticas "mejor que nunca" y ofrezca elogios prontos y entusiastas.

Observaciones

Muy a menudo, los altos directivos están aislados de la realidad por capas de supervisores y gerentes que quieren presentar la mejor imagen posible. Por lo tanto, evitan comunicar las condiciones y circunstancias reales, algunas de las cuales necesitan atención y corrección desesperadamente. En otros casos, tal como la situación de Ralph con los golfistas, la gerencia tiene expectativas que son demasiado bajas y que están por debajo del potencial.

A menudo, las organizaciones están bajo un mayor riesgo cuando sus operaciones se están desempeñando bien. En estos tiempos, la tendencia es a relajarse y esforzarse menos.

Camine hacia los problemas, no escape de ellos. Estos representan oportunidades para aprender, mejorar, prevenir y para beneficios significativos.

"Lo que tolera la gerencia es lo que propaga."
—Anónimo

"Un pequeño agujero hundirá a un gran barco."
—Proverbio

"Al final, yo siempre creo a mis ojos más que a ninguna otra cosa."
—Warren Buffett

"Puedes observar muchísimo simplemente mirando."
—Yogi Berra

Una pausa para sonreír

"Usted es un burócrata si cree que más reglas reducirán los problemas con los empleados."
—Anónimo

3 Piensan que lo que están haciendo no es importante

¿Por qué?

Nadie monitorea sus reportes, producción, métodos o apego a las normas. Parece no haber interés, el trabajo cubre los requerimientos y no hay retroalimentación respecto a sus responsabilidades. Las políticas, procedimientos, protocolos, regulaciones o normas que deben cubrir o mantener son virtualmente ignorados por aquellos que tienen autoridad.

En la era de la producción masiva, las corporaciones multinacionales y el comercio global y una ascendente proliferación de las regulaciones del gobierno, los empleados a menudo sienten que los que se les dice que hagan es insignificante y poco importante. Las mismas tendencias causan que los gerentes se sientan abrumados por los límites de tiempo, las crisis y las juntas. Por lo tanto, monitorear el apego a las normas y regulaciones recibe una prioridad baja o es totalmente ignorado. Muy a menudo, es visto como un papeleo o una burocracia costosa, no esencial.

Irónicamente, las condiciones mismas que causan estas actitudes llegan en un momento en el que el apego es más vital que nunca.

En el presente, los consumidores compran en una aldea global. Pueden comprar localmente o en Internet, pero compran en todo el mundo. La ropa podría haber sido producida en Tailandia o India. Los electrónicos podrían ser originarios de Japón o Malasia. Los alimentos podrían provenir de Chile, México o Israel, mientras que el vino podría provenir de Australia con tanta facilidad como de California. Un automóvil que podría haber sido ensamblado en Canadá, Estados Unidos, Alemania o Corea, probablemente tenga componentes de una docena de países.

Los consumidores tienen más opciones que nunca antes. Insisten en la variedad, el estilo, el desempeño y el valor. Además, esperan e insisten en que su compra sea perfecta. Bueno no es suficiente. ¿Tiene una falla? ¡Hay que devolvérselo al vendedor! ¿No les gusta el precio? ¡Van a un gran centro comercial!

El consumidor también está mejor informado y discrimina más. Los problemas con los productos son rápidamente expuestos en los noticieros de la noche. Las empresas deben responder prontamente con retiros del mercado y reparaciones o reemplazos.

Las lesiones y muertes resultan rápidamente en acciones legales que, a su vez, hacen surgir a la luz todavía más quejas; los costos de defensa y acuerdos a menudo son millonarios y, en ocasiones alcanzan los miles de millones. El impacto en la confianza del cliente, la reputación de la marca, la rentabilidad y la confianza de los inversores es inmenso.

La producción de alimentos es afectada de manera similar. Una vaca con supuesta enfermedad de la vaca loca en Canadá impacta rápidamente a la industria ganadera estadounidense y a los consumidores japoneses, cientos de miles de pollos con gripe aviar en China son destruidos pero las preocupaciones resultan en acciones similares en otros países.

La industria del viaje y el hospedaje quedó devastada por una erupción del Síndrome Severo Respiratorio Agudo, que comenzó en China y después se propagó a otros países.

Las empresas y gobiernos han respondido adoptando e

imponiendo normas internacionales de calidad, en algunos casos introduciendo regulaciones y controles aún más duros para la industria.

Lo que queremos decir con esto es que la efectividad de estas medidas vitales depende de los empleados y sus directivos, quienes podrían no comprender o, en algunos casos, no interesarse en la adherencia a estos requerimientos. No se dan cuenta del impacto y costos astronómicos que pueden resultar de ignorar o desviarse de ciertas instrucciones o procedimientos.

La conexión: de actitudes a resultados

Los empleados comienzan a pensar que los requerimientos no son absolutos, que hay una alternativa que es aceptable, o que los requerimientos son innecesarios, irrelevantes o que requieren de demasiado tiempo y esfuerzo.

Se sienten impacientes de hacer algo que parece no tener importancia para quienes tienen la autoridad, o que es demasiado costoso o que consume mucho tiempo. Esto es particularmente cierto si no hay reconocimiento o retroalimentación de la gerencia cuando llevan a cabo correctamente, día tras día, este trabajo rutinario y repetitivo.

En ausencia de atención de la gerencia, algunos individuos comienzan a tomar atajos, a saltarse algunos de los pasos y a permitir algunos errores mínimos. Hacen esto para buscar límites. Después de que algunos errores menores o "fallas" pasan sin consecuencia, existe la tentación de erosionar más el desempeño, porque esto refuerza su creencia de que el cumplimiento no es requerido y que, de hecho, la tarea no es para nada importante. Finalmente, en el transcurso de un periodo de meses, o años, el deterioro del esfuerzo continúa hasta que podría no hacerse ningún esfuerzo.

El resultado es que ocurren deficiencias y errores en la producción. Dado que los procedimientos no se han seguido estrictamente, podría haber repercusiones severas que abarcan desde los rechazos y las devoluciones a un incremento en los porcentajes de productos descartados y las quejas de los clientes. En casos extremos, esto podría resultar en lesiones o muertes y culminar en costosos arreglos legales.

ENVENENADOS POR SU AGUA

De acuerdo a los medios informativos, aquellos en el departamento sabían que el análisis del agua potable era exigido por regulaciones del gobierno. Pero durante dos décadas nunca había habido un problema con el agua, así que su análisis se convirtió en lo que parecía una rutina innecesaria. Los informes en los periódicos indicaron que nadie responsable de la agencia del gobierno visitó el sitio para revisar los métodos, frecuencia o validez de los reportes. La persona responsable del análisis, confiada en que los procedimientos eran innecesarios, comenzó a reducir la frecuencia de los análisis reales. A fin de asegurarse contra la poco probable posibilidad de una futura auditoría del gobierno, evidentemente algunos de los resultados de los análisis fueron falsificados y archivados.

Los reporteros se enteraron de que "falsificar muestras y registros se convirtió en una rutina". Nadie en un puesto de autoridad expresó ninguna preocupación o siquiera un interés, así que, con el correr del tiempo, las cifras de los análisis reales llegaron a cero y los resultados falsificados aumentaron en concordancia. Luego, una lluvia torrencial deslavó y filtró las bacterias de estiércol de ganado de una granja cercana al pozo de agua del pueblo. La contaminación pasó sin ser detectada hasta que el hospital local comenzó a recibir pacientes en Urgencias que se quejaban de diarrea, vómitos y fiebre. Cuando el Secretario de Salud comenzó a preocuparse y llamó al Departamento de Agua, se le aseguró que no había problemas con la calidad del agua. A medida que aumentó el número de pacientes, el Secretario de Salud llamó nuevamente para hablar del problema, y nuevamente se le aseguró que no había problemas.

Ahora, finalmente preocupado por la posibilidad de que el agua estuviese contaminada, el director de la planta de tratamiento de aguas reinició los análisis. Los resultados confirmaron que el agua estaba, de hecho, contaminada, y así se le informó al Secretario de Salud. Él, a su vez, informó a la dirección de la planta de tratamiento de aguas de la primera muerte atribuida al problema. Se despertaron el miedo y el esfuerzo frenético. Se inició una búsqueda urgente para encontrar y eliminar la fuente de la contaminación y prevenir muertes adicionales. Al mismo tiempo, de acuerdo a los reportes, la dirección continuó con su encubrimiento.

Harían falta tres muertes más, un cierre total y una limpieza de todo el sistema de aguas, como así también una investigación del gobierno para encontrar la causa y exponer el encubrimiento. El asunto llegó a los tribunales y los individuos responsables enfrentaron una serie de cargos criminales.

Lo que debe haberle parecido un asunto nimio a la persona que hacía los análisis, resultó en la horrenda pérdida de vidas más allá de lo que cualquiera hubiese podido imaginar. Esta actitud de "cosa nimia" y la falta de atención e inspección permitieron que ocurriera un problema como éste.

Pero una situación en esta categoría general podría ni

siquiera ser percibida como un problema. Podría ser vista simplemente como parte del proceso normal, como lo fue la situación de nuestro siguiente ejemplo.

UNA SIMPLE CUESTIÓN DE FORMA(S)

Era una gran bodega regional de repuestos, una de varias en la red de la corporación North American. El equipo, tecnología y sistemas eran de clase mundial y los empleados, los doscientos sesenta, tenían experiencia y estaban bien capacitados.

Sin embargo, un par nuevo de ojos a menudo ve las circunstancias de una manera diferente. Ese fue el caso cuando Susan fue transferida como gerente de la bodega. A los pocos días de su llegada, se dio cuenta de que el proceso de envío y recepción de la bodega era demasiado lento.

Ella hubiese podido simplemente llamar a junta y decirles a los empleados y supervisores que lo mejorasen. Sin embargo, Susan era una líder astuta. Se dio cuenta de que sería mucho más fácil y efectivo si la gente misma pensara en los cambios necesarios. Decidió que un proceso de mejoramiento basado en equipos llamado Análisis de Valor (AV) podría lograr lo que se requería. (Análisis de Valor fue desarrollado por un ejecutivo de General Electric hace décadas. Es un método basado en equipos que identifican el propósito de cada tarea o componente en un proceso, luego, utilizando técnicas de lluvia de ideas, se encuentran maneras de lograr el propósito requerido a un costo más bajo.)

En la siguiente junta de empleados, les dijo cuánto disfrutaba de estar allí y lo complacida que estaba con su desempeño. Luego habló de cuánto había disfrutado en otros lugares al participar en equipos de Análisis de Valor. "Si algunos de ustedes están interesados en participar en un equipo en algún momento, por favor infórmenle a su supervisor. Si hay interés, encontraré a un facilitador con experiencia para que nos guíe, porque yo no tengo las habilidades necesarias."

Añadió que la participación sería totalmente voluntaria y durante el horario de trabajo. Susan obtuvo sus voluntarios. La sede asignó a un facilitador como ella lo solicitó, alguien que tuviese tanto las habilidades de proceso como de gente necesarias para lograr resultados.

La mejor oportunidad para el mejoramiento fue obvia muy pronto. Una función titulada "Preparación de Liberación de Envío" tenía un tiempo de demora de entre cuatro y seis días. Los interrogatorios revelaron que se trataba de un documento de dos páginas que autorizaba el envío de partes al por mayor a una empresa de empaque. El equipo averiguó que el tiempo real requerido para llenar la solicitud era de sólo entre cinco y diez minutos. ¿Entonces por qué se requerían de entre cuatro y seis días para su expedición? El empleado que generalmente preparaba el documento dijo que era porque no pensaba que fuese una prioridad comparada con sus otras tareas.

"Ojalá alguien me hubiese *dicho* que era importante", dijo.

Ahora que había comprendido la importancia de la solicitud la llenaría de inmediato al recibirla. Con este sencillo cambio, los tiempos se redujeron de entre cuatro a seis días a una hora o menos. El costo de implementación fue de cero. Los ahorros logrados gracias a la reducción de devoluciones fueron de miles de dólares. Por supuesto, el grupo encontró otras cosas que requerían de su mejora.

Susan le dio el crédito completo al equipo, agradeciendo personalmente a cada persona con una carta individual. Los llevó a comer e hizo arreglos para que se publicase un artículo en el boletín de empleados de la empresa felicitando al equipo por sus esfuerzos.

En este caso en particular, el proceso no estaba causando el problema. Fue el hecho de que la persona haciendo la tarea no comprendió la importancia de ésta y cómo se relacionaba con lo demás. Otra manera de decirlo sería que el empleado no sabía cuán relevante era esta tarea en el panorama general, ni tampoco el grado al que "el tiempo era dinero".

ACUSACIÓN Y REPERCUSIONES

Eran los primeros días de diciembre y los vendedores de coches estaban ofreciendo incentivos y planes de financiamiento sin precedentes. Andy Simpson decidió utilizar esta oportunidad para entregar su automóvil usado como pago parcial por otro en la concesionaria en la que le daba servicio. Desde sus primeras averiguaciones hasta la oferta final, todo sucedió sin dificultades. Andy no cerró la operación, pero no podía creer lo bajas que eran las cuotas mensuales por un crédito a tres años, por lo tanto, antes de firmar visitó a otras tres concesionarias de comerciantes que vendían el mismo vehículo. En todos los casos, éstas le dieron un interés mensual mucho más alto que el de la oferta que él ya tenía.

Al día siguiente, Andy visitó la primera concesionaria y firmó la oferta. Fue revisada por el gerente comercial y apoyada por el gerente de ventas. El trato se cerró y la entrega fue programada para dos semanas después. Andy estaba feliz, pero sospechaba que algo andaba mal, que el trato era demasiado bueno para ser cierto.

Tres días después de la firma del contrato, Andy recibió una llamada del gerente de ventas, Tom Elliott. Él se presentó y le preguntó a Andy si estaba contento con el trato que había cerrado por su auto nuevo. "Por supuesto", respondió Andy. "Sí, estoy muy feliz con el automóvil, la concesionaria y el trato."

"Bueno, nosotros no estamos felices", dijo secamente Elliott. En un tono de voz brusco continuó diciendo: "El coche que usted nos entregó era un modelo 1997 y no uno 1999 como le dijo a nuestro vendedor. Sentimos que usted lo engañó deliberadamente."

El tono acusatorio y cínico del gerente de ventas, más su elección de palabras fueron una bandera roja ondeada ante el rostro de Andy. Utilizando el mismo tono, él exigió saber cómo podría haber engañado al vendedor, cuando éste tenía el registro del coche como referencia, cuando el modelo del año era legible en el parabrisas como parte del número de registro del vehículo, y cuando le habían dado servicio al mismo en esa concesionaria durante los dos últimos años.

"Su valuador lo revisó" añadió Andy, "el año del modelo correcto estaba en la oferta de compra, su administrador revisó la oferta y usted la aprobó."

Pero Elliott no quería aceptar ninguna responsabilidad por el fiasco. En su lugar, levantó la voz y continuó acusando a Andy de engañar a la concesionaria hasta que éste finalmente cortó.

Deberíamos darle información sobre Andy, él es el tipo de gente que se doblará, pero si se le comienza a pegar, ¡cuidado! Él sabía que tenía todo a su favor y estaba determinado a ver qué haría después la concesionaria. Eso le diría si quería continuar tratando con esa empresa.

Andy esperó deliberadamente cuatro días para dar tiempo a que las noticias de esta situación llegasen hasta el dueño. Luego llamó a Ken Kendall, el presidente, se presentó y dijo: "Supongo que ya ha escuchado mi nombre y está enterado del problema". Kendall respondió que había escuchado un lado de la historia pero que le gustaría mucho escuchar la versión de Andy. Cuando se reunieron el día siguiente en la concesionaria, Ken Kendall le agradeció a Andy haberse tomado el tiempo de asistir.

"Señor Simpson", dijo, "nos enorgullecemos de la manera en la que tratamos a nuestros clientes y, obviamente, algo ha salido muy mal en esta situación. Por favor cuénteme paso por paso qué sucedió."

Andy le relató toda la historia, incluyendo el resumen del llamado telefónico de Elliott con su tono desagradable y acusatorio.

"¿Hay alguna otra cosa que recuerde y que quiera contarme?", preguntó Kendall.

Andy respondió: "Al pasar por toda esta secuencia, pienso que sé dónde comenzó el problema".

Andy repentinamente había comprendido que, durante la primera entrevista, le había dicho al vendedor que había comprado el coche en 1999. El vendedor había escrito la información en una libreta de hojas amarillas rayadas. Andy le dijo que había comprado el auto usado, pero el vendedor nunca le preguntó de qué año era.

Kendall se relajó, satisfecho de que ahora conocía toda la historia y las causas. "Muchas gracias, nuevamente, por haber venido, Señor Simpson", dijo. "Su visita de hoy me dice que mi gente siguió el proceso adecuado, pero que los cuatro cometieron errores serios. El vendedor no pensó que era importante revisar el número de identidad del vehículo, el tasador no pensó que era importante verificar la información que le había dado el vendedor."

A esta lista de descuidos, Kendall añadió el hecho de que el administrador comercial era nuevo en el puesto y no detectó el error en la oferta de compra. Luego Kendall se disculpó por los errores al igual que por la inexcusable conducta del gerente de ventas cuando lo llamó por teléfono.

Después del incidente, Kendall habló con el personal involucrado, estableció chequeos en el proceso de ventas y monitoreó personalmente cómo estaba siendo capacitado el nuevo administrador.

Sabiendo que Andy recibiría una Encuesta de Satisfacción del Cliente del fabricante, preguntándole cuán satisfecho estaba con su experiencia en la concesionaria, Kendall le ofreció un arreglo justo. Debido a que quedó impresionado con la cordialidad, franqueza y profesionalismo de Kendall, Andy aceptó.

¿Cuándo y por qué corre este tipo de problema?

La gente está más inclinada a pensar que las expectativas no son importantes cuando ha habido falta de atención o carencia de seguimiento por parte de los directivos.

Esto sucede cuando:

- Gente nueva o transferida no recibe la instrucción necesaria sobre la importancia de los procedimientos, normas, etc., o no se les avisa que son obligatorias.
- Se han introducido cambios en la gerencia, materiales, suministros o tecnologías y éstos parecen hacer irrelevantes a los requerimientos.
- No se hacen auditorías e inspecciones.
- No se responsabiliza a la gente por no cumplir.
- Las personas están enojadas con el gerente o la empresa, o están aburridas de trabajos aparentemente importantes y repetitivos, o sólo son perezosas y evitan el esfuerzo.

A la mayoría de los seres humanos no les agrada hacer

nada que sientan que es innecesario o sin importancia. Necesitan reaseguro y retroalimentación positiva con regularidad. También es cierto que la gente generalmente preferiría hacer las cosas de una manera que requiera menos atención, energía o tiempo.

Pero en muchos, si no es que en la mayoría de los casos, es la falta de consciencia por parte de la gerencia lo que permite que este problema comience y luego crezca.

Variaciones de este problema

Los trabajadores ignoran los procedimientos cuando están desactualizados o son demasiados complejos o confusos. Su relevancia también es debilitada cuando están mal escritos o cuando las auditorías o revisiones no están programadas, sufren demoras o se evaden. Todas estas fallas comunican involuntariamente que no son importantes.

También es mejor ser consistente. Instruir a los empleados a ignorar una norma o procedimiento una vez para cumplir con un plazo de tiempo implica el permiso para hacerlo nuevamente en el futuro.

Corregir el problema y prevenirlo en el futuro

Cuando experimentamos una deficiencia en el desempeño que se debe a la omisión de uno o más de estos elementos que, por supuesto, necesitamos para asegurar que se corrija pero, al mismo tiempo, tenemos que identificar la(s) causa(s) raíz. A menudo, la causa raíz es la desatención por parte de aquellos que tienen la autoridad. Esta negligencia generalmente se presenta en la forma de auditorías, inspecciones y revisiones que no se hacen, o descuido al no reconocer y apreciar tales esfuerzos cuando son llevados a cabo.

Como directivos debemos promover activa y regularmente la importancia de las políticas, regulaciones y normas. Más importante, tenemos que comunicar esta importancia a los empleados y dar seguimiento personalmente con regularidad, a fin de demostrar nuestro interés y reforzar la importancia percibida.

- Haga de la adherencia a los procedimientos, las normas, etc., una de las expectativas que se le **comunican al personal nuevo**.
- **Recuérdele** a la gente, de vez en cuando, la importancia de estos elementos.
- Conduzca **auditorías** periódicas para asegurar que están siendo seguidas y comunique los resultados.
- **Actúe prontamente** cuando una persona no cumpla.
- Aplique **consecuencias** apropiadas si el problema vuelve a ocurrir.
- Preste mucha **atención** a los aumentos en el número de quejas del cliente, correcciones, retrabajos, productos rechazados y resultados insatisfactorios similares y **elogie** todas las mejoras en estas cifras.

Observaciones

En el caso de Ken Kendall, tener un proceso claramente definido no evitó el problema, pero ayudó al dueño a identificar rápidamente dónde y por qué ocurrió y los pasos que requerían mejoras.

Cuando un directivo tiene una actitud "suficientemente

bien, déjalo pasar", los empleados adoptan rápidamente el mismo enfoque a sus responsabilidades y muy pronto todo y cualquier cosa está "suficientemente bien". **La conformidad desciende en proporción directa a la falta de atención del directivo.**

Los procedimientos y normas existen para asegurar un nivel específico de calidad, producción o resultado. **Su valor más grande es reconocido cuando son actualizados en respuesta a un problema y los individuos reconocen que esto está pasando para evitar la recurrencia.**

PRECAUCIÓN

Mientras que los procesos, procedimientos, políticas, regulaciones y normas, son extremadamente necesarios y valiosos, también tienen una tendencia inherente a evitar el cambio y la innovación. Por lo tanto, la gerencia debe ofrecer caminos para estimular la creatividad y el mejoramiento continuo y, cuando se generan mejores métodos, incorporarlos a los procedimientos y normas existentes a fin de mantener los logros.

"Hacen falta años para construir una reputación, y sólo unos pocos minutos para arruinarla. Si piensa en eso, hará las cosas diferentemente."
—Warren Buffett

"La carne roja no es mala para usted. Pero la carne azul—verdosa, bueno, esa si es mala para usted."
—Tommy Smothers, comediante

4 Se sienten abrumados y confusos

¿Por qué?

Nadie parece poder o estar dispuesto a priorizar lo que se debe hacer y no hay suficiente tiempo o recursos para hacerlo todo. No hay un sentido de propósito o avance. No hay metas o prioridades, simplemente un interminable y abrumador volumen de trabajo.

Los primeros tres capítulos demuestran cuán a menudo el cambio es el catalizador de situaciones en las que los empleados no comprendieron o ignoraron las expectativas. En el capítulo anterior vimos la manera en la cual los factores globales han hecho que sea urgente que los empleados comprendan la importancia de desempeñarse según las especificaciones. Las mismas fuerzas han acelerado el ritmo y complejidad del cambio en el lugar de trabajo. En una era de fusiones y adquisiciones, de recortes y corporaciones "ágiles", es más difícil que nunca permanecer enfocado. Es más difícil para los gerentes permanecer en contacto con lo que realmente está sucediendo en el lugar de trabajo, y están esos pocos directivos cuya respuesta al desafío diario es simplemente aumentar las exigencias a sus empleados.

La conexión: de actitudes a resultados

Inicialmente, los empleados creen que la gerencia no se da cuenta de las exigencias abrumadoras que se les hacen. Luego estas exigencias son continuas e incesantes, su percepción cambia gradualmente a la creencia de que la gerencia sí se da cuenta, pero no puede, o no quiere, actuar para ofrecer algún alivio y recursos adicionales.

Comienzan a sentirse como hámsters corriendo sobre una rueda de ejercicio dentro de una jaula, una rueda que no se detiene nunca y que no lo hará hasta que ellos se caigan. Esto se convierte en un sentimiento de que a la gerencia no le importan ni ellos ni lo que está pasando. Si no se hace nada, sienten resentimiento, frustración y enojo. No hay sentimiento de propósito o logro, porque no hay reconocimiento, ni fin, ni sentimiento de haber completado algo, sólo más actividades, más tareas, más cosas que se deben hacer.

Los empleados generalmente se esfuerzan mucho por hacer lo que se les pide. Tienen pocas elecciones si es que desean conservar su empleo, y la mayoría de la gente genuinamente quiere cubrir las expectativas por una cuestión de orgullo personal. Sin embargo, si no hay alivio y las condiciones continúan deteriorándose con pocas esperanzas de cambio, los empleados protegen su salud y sanidad de cualquier manera que puedan. Un método es reportarse enfermos por un día, a fin de aliviar la presión. Otros empleados, llenos de resentimiento, encuentran maneras de "desquitarse". Algunos encuentran maneras sutiles de aliviar la rutina en la que se encuentran; otros más actúan por enojo y sabotean el equipo, el sistema o la producción.

El resultado es que la frustración crece, la moral empeora, el ausentismo aumenta y la productividad disminuye hasta que la gerencia toma acciones correctivas.

LA SOLUCIÓN DE LA "BOLA ROJA"

El Departamento de Ingeniería había crecido después de la

exitosa entrada de la compañía en el mercado con una nueva tecnología de clase mundial. Rápidamente, el producto había probado su valor, ganado la aceptación y logrado el dominio en el mercado. Pero después de catorce años el mercado estaba saturado y, como resultado, el personal del departamento fue reducido drásticamente. Dos años después con un gerente general nuevo y agresivo, nuevamente comenzaron a ofertar en contratos y a añadir líneas de productos. Todo tenía que estar listo "para ayer". A pesar de las horas extras aprobadas, las fechas de entrega no se cumplían. En un intento por traer orden al caos, uno de los gerentes del departamento ordenó un sello de goma y una almohadilla y lo llamó la "Bola Roja". Cuando un pedido era urgente, sería marcado con la designación Bola Roja. Fue efectivo por alrededor de una semana, luego (adivinó) todo pareció tener el sello de la Bola Roja. ¡De vuelta al principio!

El director del Departamento de Ingeniería se sentía frustrado pero renuente a pedirle más a la gente. Dudaba porque la empresa seguía perdiendo dinero y el nuevo gerente general estaba buscando agresivamente negocios nuevos sin aportar recursos adicionales. El gerente general era nuevo en esta división y no conocía cuáles eran las capacidades y habilidades y sentía renuencia a pedir fondos a la corporación hasta que supiera que eran absolutamente necesarios.

MIL IDEAS—DOS DOCENAS DE PERSONAS

Craig era el gerente de ventas recientemente nombrado de una firma que producía equipo para mover tierra. Era ansioso, enérgico y desbordaba ideas y proyectos. ¡Craig estaba listo para conquistar el mundo, pero no tenía ejército! Sus empleados gruñían y miraban al cielo cuando lo veían acercarse, porque sabían que con él llegaba otro pedido o tarea. Muy pronto desarrollaron dos estrategias para manejarlo: algunos simplemente asentían y continuaban haciendo lo que personalmente consideraban importante; otros eran más creativos, desarrollaron "Listas de Urgencias". Cuando Craig tenía un asunto nuevo, ellos simplemente le pedían que la agregara a la lista en la secuencia apropiada. Esto significaba que, aunque la Lista de Urgencias cambiaba cada pocos días, siempre estaba enfocada a las tres prioridades principales.

Entonces, ese era el problema. Craig no sabía lo que el personal era capaz de lograr y su estilo era más el de "combatir el incendio" que el de "planear el trabajo—trabajar el plan".

¿Por qué?

Estaba en su naturaleza, su personalidad y su *modus operandi*, la manera en la que habían sido las cosas en su lugar de trabajo anterior. Craig era, en su corazón, un vendedor, más feliz cuando hablaba con los clientes e impaciente con los reportes, juntas y estructura. No permaneció en su puesto por mucho tiempo.

OPERACIÓN INICIO RÁPIDO

Había habido una venta de numerosas plantas de una corporación a otra. Este tipo de transacciones ocurre a menudo cuando las compañías realinean sus actividades para centrarse en las principales. Tim había sido el gerente de planta de una de estas plantas. Había sido reducida a una operación muy limitada. Cuando la planta fue comprada, el dueño nuevo le pidió que se quedara como gerente. La meta era estar de pie y operando nuevamente en noventa días, Tim reclutó a su equipo gerencial. Unos pocos habían estado antes en la empresa y otros, como el gerente de Recursos Humanos y dos supervisores de planta, serían nuevos. A los treinta días ya tenía a la gente en su lugar y al equipo básico operando. Los empleados eran en su mayoría los mismos que habían trabajado para el dueño corporativo previo.

Por experiencia, Tim sentía que el liderazgo recién integrado, varios de cuyos miembros no contaban con experiencia gerencial previa, requerían de capacitación a fin de construir cooperación y un equipo totalmente funcional. Programó un curso de tres horas por semana. Los temas tales como Liderazgo, Comprender a la Gente, Resolución de Problemas y Establecimiento de Metas, fueron incluidos.

Afortunadamente, el facilitador del curso se tomó el tiempo de reunirse brevemente con los participantes individuales después de cada sesión. Los gerentes se quejaron de que no había metas ni prioridades. Cuando los facilitadores discutieron sus comentados con Tim, la respuesta de éste fue extraer una gran carpeta de su escritorio. Recorriendo las pestañas, señaló una sección para cada gerente que contenía la lista de metas que cada uno de ellos había establecido.

"¿Cómo que no saben?" preguntó.

Las metas y prioridades se convirtieron en el tema de una animada discusión durante la siguiente sesión. Los gerentes acordaron que, con el aporte de Tim, habían establecido metas para el año de operaciones. La queja era que *las tareas y prioridades diarias de Tim no parecían estar para nada conectadas con sus metas a más largo plazo.* De hecho, planear era virtualmente imposible a causa de los cambios de directivas diarios de Tim.

A su vez, Tim explicó que sólo estaba respondiendo a las exigencias de su Grandes Tres clientes fabricantes de automóviles. Estos clientes frecuentemente programaban visitas con poca anticipación a la planta a fin de discutir asuntos de calidad o avance en los programas nuevos. Cada visita interrumpía las prioridades por al menos una semana, mientras el equipo se preparaba para presentar sus reportes a los representantes del cliente.

Los gerentes y muchos de los empleados no estaban satisfaciendo las expectativas de Tim. ¿Por qué? Porque sentían que sus expectativas cambiaban constantemente y eran irrazonables. ¿Por qué? Debido a que Tim estaba constantemente haciendo malabares entre los problemas operacionales y las exigencias de los clientes, se volvió hiperactivo, nervioso y estresado. Le falló a su equipo en lo que más necesitaba: liderazgo calmado, calculado y dedicado. Podría haber logrado mucho con una reunión de equipo matutina para aclarar las prioridades del día, seguida por entrenamiento individual. Tim necesitaba quedarse en su "puesto de mando" para responder preguntas y actuar como "paragolpes" entre los clientes y sus gerentes.

¿Cuándo y por qué ocurre este tipo de problema?

Por lo general, la gente se siente abrumada y confundida cuando ha habido un aumento inmenso en el volumen de trabajo debido a nuevos negocios, nuevos mercados, nuevos clientes o nuevos productos y servicios.

También es probable que suceda cuando las prioridades de la gerencia cambian o hay una reestructuración o reducción, con recortes de personal y reducciones de presupuesto como consecuencia.

Las dificultades temporales podrían deberse al tiempo que le lleva a la administración evaluar y volver a balancear los niveles de carga de trabajo y personal después de los cambios en los niveles de negocios.

El problema persiste cuando la gerencia ve al recorte de personal como la única respuesta a un mercado cada vez más competitivo. Los recortes de personal deberían lograrse con la anulación de actividades sin valor añadido o con la eliminación de productos y operaciones que no sean lucrativos. En ocasiones, la gerencia pasa por alto oportunidades para reducir costos en áreas tales como materiales, procesos o marketing.

Variaciones de este problema

Usted tiene este problema cuando los empleados sienten que trabajan en exceso y están abrumados y no ven razón para ello. Podrían pensar que la gerencia está reteniendo información deliberadamente. Como resultado se sienten subestimados y piensan que los directivos no comprenden o no se interesan en su situación. Finalmente llegan a sospechar que la gerencia no tomará acciones correctivas a no ser que no les quede ninguna otra elección.

Corregir el problema y prevenirlo en el futuro

Al enfrentarse a condiciones que son caóticas y abrumadoras:

- **Dígales a los empleados que la gerencia es consciente** de las circunstancias y explique las razones de lo que está sucediendo.
- **Priorice** las actividades en segmentos semanales, o hasta diarios.
- Asegúrese de que estas metas a corto plazo sean **realistas** y posibles de lograr, de otra manera el

resultado es un escenario fracasa-fracasa que lleva a la desmotivación.

- Cree algún **indicador visual** de terminación. De esa manera los empleados saben que al final del día se hicieron ciertas cosas.
- Cree un sentimiento de **"estamos juntos en esto"** al estar disponible y ser alentador y apoyarlos.
- Desarrolle maneras de **reconocer y celebrar** periódicamente lo que se ha logrado.

Para prevenir este tipo de problema:

- **Comunique** con regularidad las prioridades de la organización y las razones por las que son importantes y necesarias. En tiempos de cambio y confusión comunique con más frecuencia, hasta diariamente de ser necesario.
- **Conecte** las metas anuales y mensuales con las tareas, actividades y proyectos actuales.
- **Evite** agregar proyectos o programas nuevos hasta que tenga el tiempo, la energía y los recursos para contribuir apropiadamente a su éxito.
- **Pregunte** a quienes se reportan directamente con usted sus metas principales, a corto y largo plazo, y cómo sus actividades están contribuyendo al logro de lo que tiene que pasar ahora, este mes y este año.
- Si esta es una situación recurrente, resuelva problemas a fin de encontrar la **causa raíz** y elimínela.
- **Observe** a aquellos que están luchando y ofrezca entrenamiento y aliento.
- **Celebre** los logros.

Observaciones

El líder tiene que contar con un sentido claro de lo que debe lograr su organización y cómo lo va a lograr. Debe incluir una comprensión tanto de los recursos como las restricciones, y la distinción entre las prioridades "debo hacer" y las "quiero hacer".

Los empleados (y los gerentes también, en ocasiones) pueden sentir que están sumidos en la rutina. Una actividad interminable, difícil, sin ningún avance observable es cansador y estresante y a menudo lleva al agotamiento. La razón es doble: ningún sentimiento de prioridad o propósito significativo y ningún sentimiento de logro porque nada se termina o completa.

¿Practicaría alguno de nosotros golf, hockey, baloncesto, tenis o cualquier otro deporte si no hubiese una puntuación, o registros, o manera de medir los logros? Probablemente no.

"Equitas Unimatus" Calma en medio de la tormenta.
—Mantra para los estudiantes de medicina, Dr. William Osler, médico, profesor, investigador

Una pausa para sonreír

"En esta empresa hay oportunidades de carreras nuevas. Hemos recortado lo innecesario e incompetente que ahora sufrimos un déficit."

5 No saben cómo hacerlo

¿Por qué?

Nunca lo han hecho antes y no se les ha dicho o mostrado cómo hacerlo. O no lo intentan porque temen cometer un error (y parecer tontos ante los demás o ser criticados por "el jefe") o sí lo intentan, pero generan problemas.

Tiene sentido asegurar que su personal sepa cómo hacer su trabajo, pero esto no es tan sencillo como parece. La reducción o reestructuración puede poner a personal capaz en puestos para los que no están entrenados o cargarlos con responsabilidades con las que están poco familiarizados. Más que admitir su falta de experiencia, algunos trabajadores dedicados podrían simplemente cruzar los dedos e "intentarlo" por lealtad a un jefe que también está abrumado por el cambio. Un gerente nuevo podría heredar un equipo en cuya creación o capacitación no tuvo nada que ver. No sabe *qué* saben, asume que *sí* saben, y se entera de la verdad cuando se cometen errores.

La conexión: de actitudes a resultados

Los empleados que son nuevos en sus empleos o tareas generalmente creen que es una situación positiva, una oportunidad para aprender habilidades nuevas y obtener conocimientos nuevos. También piensan que alguien les dirá cómo hacer el trabajo y que luego les mostrará cómo hacerlo, a fin de que ellos puedan realizarlo rápida y fácilmente.

Tienen emociones mezcladas. Por un lado se sienten

excitados, abiertos y dispuestos. Por el otro tienen preocupaciones y preguntas. ¿Podrán hacer lo que se requiere y de la manera en la que lo quiere el supervisor o gerente? ¿Es aceptable formular preguntas sin parecer que se aprende con lentitud? ¿Podrán recordarlo todo? Se sienten agradecidos cuando se los provee de instrucciones de trabajo u otros materiales de referencia. Desarrollan un sentimiento de orgullo y logro cuando reciben elogios y aliento.

La gente nueva está motivada a hacer lo mejor y quiere ser exitosa. La gran mayoría se desempeñará bien, algunos lenta y cuidadosamente, otros rápida y confiadamente. Necesitan y aprecian la retroalimentación sobre cómo lo están haciendo, cómo pueden hacerlo mejor y cómo pueden simplificarlo.

Los resultados logrados por los empleados que son nuevos en su puesto dependen de la evaluación del gerente y de la situación. Si ambos parecen apoyarla, la persona será segura; si parecen ser negativos, la persona será insegura.

CUANDO "EL JEFE" NO SABE

Bob acababa de aceptar reimprimir un folleto para los autores debido a varios errores. Se disculpó y arregló el asunto rápida y amablemente. Cuando se puso de pie para irse, dijo: "¿Disponen de algunos minutos? Tengo un problema y tal vez me puedan ayudar". Explicó que él y su esposa habían comprado el negocio un año antes y que estaban teniendo dificultades con la calidad y la entrega pronta. "Conozco a los clientes", dijo, "porque trabajé para los dueños previos cinco años como su único vendedor. Pero no sé lo suficiente sobre cómo dirigir el negocio. Ahora mi esposa, nuestro contador y nuestros supervisores me están diciendo que tengo los trabajos todos mezclados."

Bob preguntó si podíamos ir de visita, hablar con su gente y averiguar qué tenía que hacer. Al mismo tiempo, preguntó si podíamos sugerir qué entrenamiento podrían necesitar sus supervisores.

A la semana siguiente, cada persona fue entrevistada. Durante la entrevista, cada miembro del personal tuvo quejas similares. Reportaron que a Bob no le agradaba ver gente "parada por ahí" así que sugería que fueran a ayudar a otra persona. Si la persona de servicios al cliente parecía desocupada, le decía que ayudara a alguno de los supervisores o a su esposa, que manejaba las contrataciones, los créditos y las cobranzas. El resultado era el caos, porque nadie estaba seguro de lo que debía hacer. Ninguno de los supervisores, incluyendo a Bob y a su esposa, habían recibido jamás entrenamiento en supervisión o gerencia. No había instrucciones, ni procedimientos, ningún "experto" de planta al que pudieran recurrir para obtener respuestas.

Los supervisores también se quejaban de que la rotación de personal era tan alta que sentían que era una pérdida de tiempo entrenar a los nuevos. Aun en el caso de que hubieran querido hacerlo, nadie nunca les había enseñado cómo entrenar adecuadamente a los empleados.

Wilma, la esposa de Bob, se encargaba de todas las contrataciones, al igual que de los créditos y cobros. Estuvo de acuerdo en que la rotación de personal era demasiado alta. A menudo, la gente nueva empezaba a trabajar en la empresa, pero renunciaba después de un par de semanas, o hasta en uno o dos días.

"Este lugar es un zoológico", comentaban algunos de los empleados que se iban, "está totalmente desorganizado."

"Puedo encontrar otro empleo en el que me paguen más", decían otros. Wilma se sentía frustrada. Sin experiencia previa en contratación, ella simplemente hacía todo lo que podía para ayudar a su marido. Estuvo de acuerdo en que los niveles de sueldo eran demasiado bajos como para atraer y conservar a gente buena, pero Bob le había dicho que no podían darse el lujo de pagar más. Así que seguía luchando, haciendo todo lo que podía dadas las circunstancias.

Era obvio que las cinco personas con las que hablamos querían sinceramente ser más efectivas y sabían que se debían hacer mejoras. Estaban frustradas y dispuestas a intentar todo aquello que hiciera una diferencia. La situación era como un atascamiento: los asuntos estaban tan enredados que liberar el flujo de trabajo parecía imposible.

Después de que las entrevistas fueron completadas, Bob estaba naturalmente ansioso por saber qué se había dicho. Revisamos los asuntos que habíamos descubierto:

1. Las responsabilidades se superponían y, por lo tanto, eran confusas.
2. Nadie en los papeles de liderazgo había sido entrenado o tenía experiencia previa.
3. Había un gran movimiento de empleados.
4. No había un proceso de contratación estructurado y Wilma no tenía experiencia.
5. Los sueldos eran demasiado bajos como para atraer y conservar a gente buena.
6. Todos estaban frustrados, ansiosos por mejoras y dispuestos a ayudar.
7. Las quejas de los clientes eran frecuentes y los costos de reproceso y reemplazo eran altos.
8. Estos asuntos estaban afectando la rentabilidad.

Mientras hablábamos recorriendo la lista, Bob movía la

cabeza asintiendo. Cuando terminamos, pidió más ayuda. Comenzando ese mismo día, hicimos una lista de los cinco empleos y responsabilidades claves en un rotafolio, en términos de resultados esperados, actividades y tareas. Cuando se terminó el gráfico Bob pidió una junta para mostrárselo a los supervisores y ver si estaban de acuerdo. Hizo justamente eso y éstos estuvieron de acuerdo. Luego Bob compartió con ellos la lista de asuntos que se había desarrollado y preguntó si había algún cambio en la lista que quisieran sugerir. Los supervisores dijeron que no, que estaba completa. Prometió acciones rápidas y les agradeció que estuviesen tan dispuestos a compartir sus frustraciones. Ellos, a su vez, agradecieron a Bob que los hubiera escuchado y que hubiese hecho los primeros movimientos. Prometieron ayudar de todas las maneras que pudieran.

Esta junta fue seguida de entrenamiento en supervisión una noche a la semana por diez semanas. Todos participaron, incluyendo a Wilma y a Bob. "Necesito esto tanto como cualquier otro", dijo Bob. Esta actitud y su participación generaron un lazo muy fuerte en el grupo. En el curso de su entrenamiento, los supervisores desarrollaron instrucciones de trabajo para cada puesto.

Las tarifas salariares fueron aumentadas. Bob quedó finalmente convencido de que pagar más y reducir el porcentaje de rotación de personal y, por lo tanto, reducir los problemas de calidad y entrega *mejoraría*, de hecho, la rentabilidad. Wilma recibió entrenamiento personal en el proceso de contratación, incluyendo entrevista, revisión de referencias y conducción de exámenes. También desarrolló un gráfico para monitorear las tendencias de movimientos de personal.

Como resultado de estos cambios, los movimientos de

personal se redujeron en un setenta y ocho por ciento. Las quejas de los clientes bajaron un noventa y dos por ciento, mientras que las ganancias aumentaron un sesenta por ciento. A Bob y su equipo les llevó ciento veinte días para cambiar totalmente la empresa.

Utilicemos el caso de Bob para revisar algunas de las herramientas que se discutieron en la sección Para Comenzar de este libro. Es una excelente oportunidad para utilizar el proceso de "Sondeo de Causas" en el que repetidamente formulamos la pregunta "¿Por qué?" Comenzamos aquí con el resultado que preocupaba a Bob:

Hay frecuentes quejas de los clientes.	**¿Porqué?**
Debido a problemas de calidad y entrega.	**¿Porqué?**
Los empleados estaban cometiendo errores.	**¿Porqué?**
No fueron entrenados adecuadamente.	**¿Porqué?**
Los supervisores no sabían cómo y sentían que era una pérdida de tiempo.	**¿Porqué?**
La gerencia (Bob) no sabía cómo entrenar a sus supervisores. Pensaba que las tarifas salariales bajas asegurarían las utilidades.	**¿Porqué?**
No tenía experiencia en supervisión, ni educación en dirección de empresas.	**¿Porqué?**
No era necesario en el desempeño de sus tareas previas, que eran en ventas.	**¿Porqué?**

También podemos analizar la situación de Bob utilizando el Modelo de Desempeño que se encuentra en la sección Para Comenzar. Una falta de educación y experiencia empresarial llevaron a su **actitud** de que los salarios bajos eran la clave para las ganancias y que la gente debía saber qué hacer. Esto generó **sentimientos** (frustración con los supervisores) lo que llevó a sus acciones (obligar a la gente clave a realizar las tareas de otros en un esfuerzo por mantener ocupados a todos, y luego culpar a los supervisores por no entrenar a su gente).

Los **resultados tangibles** fueron ganancias insatisfactorias, quejas frecuentes de los clientes, desperdicio, retrabajo y alta rotación de personal. Los **resultados intangibles** fueron los altos niveles de frustración entre los supervisores, los empleados y Bob mismo, también una falta de cooperación y una atmósfera de culpa y resentimiento. Estas experiencias negativas fueron un factor en la continuación de estos problemas.

¿Cuándo y por qué ocurre este tipo de problema?

Las personas podrían no saber cómo hacer lo que usted espera cuando están en puestos nuevos o cuando se altera la manera en la que se debe realizar el trabajo debido a cambios en los materiales o procesos, o por otras razones.

El individuo podría no saber cómo hacer lo que se espera debido a la falta de experiencia previa y a la carencia de entrenamiento.

Variaciones de este problema

Si los empleados no se están desempeñando según sus expectativas, podría ser que no sepan cómo hacer el trabajo. Tal vez no comprendan totalmente cuáles son sus responsabilidades. Los empleados podrían preguntarse si una tarea es su trabajo o el de otra persona. Si no han hecho el trabajo por algunos meses, podrían haber olvidado los pasos adecuados y hacer las tareas fuera de secuencia. Podrían no saber qué hacer si se presenta un problema o si ellos mismos cometen un error.

Corregir el problema y prevenirlo en el futuro

Cuando un problema de desempeño se presenta y usted pregunta" ¿Qué pasó?" el empleado podría decir "No supe qué hacer", o "No supe cómo manejarlo, nunca tuve que hacer esto antes". La acción correctiva es sencilla:

* **Dígales** cómo, **muéstreles** cómo y pídales que lo **hagan.**
* **Elógielos** por lo que han hecho bien y corrija cualquier error diciendo: "Es más fácil y más efectivo si lo hacen así".
* Antes de irse, tómese el tiempo de preguntar: "¿Hay **algo más** en lo que tengan dudas o de lo que no se sientan seguros?" Esto les da la oportunidad de plantear cualquier otro asunto o formular preguntas.

Para prevenir estos problemas:

* **Entrene a todos los empleados** en todos los niveles para hacer el trabajo segura, correcta y eficientemente, y según las normas de calidad.
* **Utilice a una persona amigable y capaz** (de la organización o externa) para que haga el entrenamiento.
* **Provea de instrucciones de trabajo** que sean fáciles de comprender y correctas y que estén actualizadas.
* Asegúrese de que la **seguridad, satisfacción del cliente, calidad y reducción de desperdicios** sean un asunto de todos.
* Apoye el entrenamiento totalmente al **involucrarse personalmente.**

- **Utilice recursos apropiados:** instrucción en el trabajo realizada por un candidato interno respetado y del agrado de los empleados; entrenadores externos que puedan aportar conocimientos y habilidades nuevas a la empresa; un entrenador / mentor para los individuos que se puedan beneficiar de un entrenamiento individual; cursos, seminarios, talleres sobre temas específicos que se relacionen con las necesidades de su empresa.

- **Implemente un proceso documentado** que asegure que cada empleado sea adecuadamente instruido y entrenado antes de asignarle responsabilidades nuevas.

- **Audite el proceso** a intervalos regulares para confirmar que se esté siguiendo el proceso, que sea efectivo y que esté actualizado.

- Cuando ocurren problemas debido a una falta de entrenamiento efectivo, utilícelos como oportunidades para **revisar y mejorar el proceso**.

- **Mantenga práctico todo el entrenamiento.** Desarrolle habilidades posibles y significativas.

- Las sesiones de entrenamiento a menudo señalan oportunidades para mejorar. **Pida retroalimentación a los entrenados.**

- El entrenamiento debe **incluir el requerimiento de una aplicación pronta en el trabajo** de los conocimientos y habilidades adquiridas para aumentar la retención y desarrollar hábitos efectivos.

- **Desarrolle una evaluación** del entrenamiento que le diga *qué* han aprendido y *cuán bien* lo han aprendido, eso muestra si pueden *aplicar* lo que aprendieron y si lo están aplicando. Su evaluación debería medir si han logrado mejores resultados, si la organización se ha beneficiado y a qué grado.

El entrenamiento efectivo a menudo también genera beneficios intangibles, tales como más cooperación, más trabajo en equipo, mejor comprensión. En su seguimiento de un programa de entrenamiento, determine si esto ha sucedido.

Observaciones

Si no entrenamos a la gente que se enfrenta a una situación nueva, sin querer enviamos el mensaje de que no nos interesan ni el desempeño ni sus frustraciones. Eventualmente, esto puede llevar a la desmotivación.

Aprender por prueba y error solía ser el método utilizado con más frecuencia. Ahora es el menos usado porque es el más costoso. Aprender por prueba y error resulta en desechos, retrabajos, quejas de los clientes y negocios perdidos.

Evite utilizar la pregunta "¿Puedes hacer... ?" Por lo general, el empleado responderá "Sí". Aun cuando no pueda hacer lo que se espera. En su lugar pregunte: "¿Desea que alguien le muestre cómo realizar esta tarea?" Si la respuesta es "No es necesario", verifique su habilidad pidiéndole que le explique y muestre cómo lo haría.

En todas las empresas hay ocasiones en las que nadie sabe qué hacer o cómo es mejor hacerlo. Por lo general esto se debe a cambios en las condiciones, los procesos o la gente. Es entonces cuando contratar a un entrenador o consultor externo es más rentable.

"Escucho y olvido, veo y recuerdo, hago y comprendo."
—Confucio

"A través de investigaciones muy sofisticadas, ahora sabemos que la motivación para el dominio—el deseo de sentirse efectivo—existe desde la más tierna infancia.
—David. W. Krueger,
MD, Autor, *Emotional Business*

Una pausa para sonreír

Aprendiendo por prueba y error

"Con seis hermanos, aprendí a bailar esperando para usar el baño."

"Abandoné mi temprana carrera de boxeo porque los árbitros siempre me pisaban las manos."
—Bob Hope

6 No tienen los recursos

¿Por qué?

Los recursos no están disponibles o son deficientes, están defectuosos o se demoran más allá del tiempo requerido. Estos recursos podrían ser uno o todos de los siguientes: materiales, suministros, herramientas, equipo, software, finanzas, personas, decisiones, aprobaciones o información.

Hay una vieja parábola que relata cómo se perdió una herradura por necesidad de un clavo, cómo por necesidad de una herradura se perdió un caballo, cómo por necesidad de un caballo se perdió un jinete y cómo por necesidad de un jinete se perdió la batalla. La parábola destaca lo importante que es que los gerentes comprendan que su gente necesita hacer el trabajo. En ocasiones, los requerimientos más fundamentales pueden, a primera vista, parecer adornos o indulgencias.

La conexión: de actitudes a resultados

Los empleados que están dispuestos y pueden hacer lo que se requiere asumen y esperan ser provistos de los recursos que necesitan para hacer su trabajo con eficiencia. Cuando este no es el caso, sus actitudes varían, dependiendo de la frecuencia y seriedad de las deficiencias. Si sucede esporádicamente, lo aceptan y trabajan lo mejor que pueden. Si es frecuente, regular y serio, comienzan a creer que a la gerencia no le importa, o que ésta es inepta o ignora la situación. En cualquiera de ambos casos pierden la confianza y el respeto por la gerencia y por el sistema.

Las personas conscientes encuentran frustrante cuando no pueden ser efectivas. Las demoras y los defectos en los recursos hacen que sus tareas y actividades sean más difíciles. Resienten el esfuerzo extra que se requiere y dudan del compromiso de la gerencia con sus responsabilidades. "No les importa", comienzan a decirse." ¿Por qué debería importarme a mí?" Hasta el empleado más dedicado eventualmente deja de preocuparse o de hacer un esfuerzo extra cuando llegan a la conclusión de que es poco probable que la situación cambie. Por lo tanto "hacen lo que tienen que hacer" sabiendo muy bien que su productividad y la efectividad de la empresa podrían mejorar mucho si "la gerencia hiciera lo que se le paga por hacer".

Cuando los recursos no están disponibles, o son deficientes, o están defectuosos, esto tiene un impacto negativo en la eficiencia, productividad y calidad.

PROVÉALOS DE LO QUE NECESITAN

Sarah fue asignada como supervisora de un departamento de maquilado especializado con la orden específica de centrarse en mejorar la productividad. Después de sólo unos pocos días, se dio cuenta de que los empleados perdían mucho tiempo buscando dibujos, material, información de los procesos y herramientas de corte. Inició un sistema para asegurarse de que todos los dibujos e información del proceso estuviesen acomodados en un paquete el día antes de que se necesitaran. Luego hizo arreglos para que la información sobre las herramientas estuviese disponible dos días antes de que se requiriera. La disponibilidad de material fue asignada al controlador de producción con la exhortación de "hacer que sea una prioridad" tener el material en las máquinas cuando se necesitara. La productividad aumentó un veintinueve por ciento en tres meses, igual que la moral de los empleados.

Los maquiladores finalmente tuvieron un supervisor que estaba dedicado a darles los recursos que necesitaban para ser efectivos y eficientes.

FALTA DE APOYO

En el Departamento de Recursos Humanos había una joven que se quejaba a menudo de dolor de cuello. Su médico le recomendó que solicitara una silla especial que tuviese más apoyo para la espalda. El director del departamento denegó el pedido diciendo: "Si ordeno una silla especial para usted, habrá docenas de pedidos similares". Ella siguió esforzándose, utilizando analgésicos. Finalmente, tuvo que cambiar de empleo.

La pérdida en productividad generada por la salida de esta persona, y el costo de reclutar y entrenar a un reemplazo fueron mucho más altos que el que hubiera resultado por la compra de una silla. También generó la impresión entre los demás empleados de que la gente y sus problemas carecían de importancia.

LA INFORMACIÓN DEFECTUOSA ES IGUAL A PÉRDIDAS EN LAS GANANCIAS

Eric, el presidente de una empresa manufacturera de cerchas y su hermano Paul se debatían con las magras ganancias en un mercado extremadamente competitivo. Ambos sentían que una gran parte del problema se debía a sus supervisores jóvenes que carecían de experiencia. Por lo tanto, hicieron arreglos para entrenamiento de liderazgo dentro de la planta con los autores como facilitadores.

Durante la segunda sesión de entrenamiento, preguntamos a los supervisores y gerentes de la empresa respecto a las tasas de error en producción.

"Calculando aproximadamente", preguntamos," ¿qué porcentaje de su tiempo y esfuerzo, al igual que el de sus empleados, se invierte en corregir, cambiar y reemplazar su producción debido a información incorrecta del departamento de ventas o directamente del cliente?"

La respuesta osciló entre el veinticinco y el cuarenta y cinco por ciento. El presidente respiró audiblemente y dijo: "Mi dios, eso nos tiene que estar costando millones de dólares, y esos son dólares de nuestras ganancias".

Eliminar, aunque fuera una parte de este esfuerzo desperdiciado, fácilmente podría haber duplicado o triplicado las ganancias de la empresa. Por el resto de esa sesión, el presidente quedó perdido en sus pensamientos. Su mente estaba en otra parte. Comenzando el día siguiente, y siempre desde entonces, su búsqueda de ahorro en esa área ha sido incansable y exitoso.

¿Por qué no era más redituable la empresa? ¿Por qué no eran más productivos los empleados? Porque carecían de la información correcta que necesitaban de los clientes. Sumándose al problema estaba el hecho de que la información de contabilidad de la empresa era inadecuada. No brindaba a la gerencia los datos de costo adecuados respecto a las pérdidas, errores y defectos.

Finalmente, este fue el motivo por el que el presidente y su hermano no se habían dado cuenta de que estas omisiones y errores le estaban costando mucho a la empresa.

¿Cuándo y por qué ocurre este tipo de problema?

Una vez más, el cambio a menudo es la causa raíz cuando la gente se encuentra falta de los recursos que requieren. Su trabajo podría perjudicarse debido a alguna de las siguientes causas:

- Un aumento o decremento significativo o inesperado en el volumen y los sistemas que ya no son adecuados para el cambio en la demanda.
- Los cambios en materiales, proveedores, especificaciones de los clientes, que ocurren sin aviso o preparación previa.
- Transiciones de empleados, con gente nueva en puestos nuevos, que no han sido efectivamente entrenados.
- Alteraciones organizacionales en la estructura, el reporte o las prioridades, y una falta de comprensión de los procesos y necesidades.

La situación se puede presentar durante situaciones de emergencia debidas a una falta de, o deficiencia en, la planeación y del entrenamiento de los empleados para estas ocasiones.

Las razones por las cuales ocurren este tipo de problemas podrían incluir:

- Un proceso de procuración y programación que es demasiado complejo, involucra a muchos proveedores, y otros elementos que ofrecen oportunidades múltiples para que algo salga mal.
- Decisiones arbitrarias tomadas por aquellos en control en cuanto a que el empleado o departamento realmente no necesita el artículo solicitado. En ocasiones, tales decisiones se

toman sin la suficiente información o sin la comprensión del impacto que tendrá en los clientes y empleados.

Variaciones de este problema

Los empleados carecen de los recursos para hacer el trabajo cuando los materiales, suministros, herramientas o equipos requeridos se demoran o están defectuosos. Son privados de lo que necesitan cuando la información es incorrecta, está incompleta o llega tarde. Ellos pueden ser dejados faltos de estos requerimientos cuando los presupuestos no proveen de fondos suficientes o cuando las aprobaciones y decisiones son pospuestas o se vuelven tan difíciles de obtener que reducen los tiempos de entrega y el tiempo disponible para la implementación.

Corregir el problema y prevenirlo en el futuro

Cuando los empleados dicen que no tienen lo que necesitan, actúe **prontamente**. Las demoras generalmente causan problemas de productividad e impactan negativamente la motivación del personal que se debate con esta deficiencia. Sea consciente del hecho de que la gente más cercana a una situación generalmente tiene el mejor conocimiento de lo que se necesita y por qué. Si usted no está seguro de que los recursos realmente sean necesarios, o si involucra un costo u otra inversión significativos, programe una sesión de **tormenta de ideas** para generar algunas alternativas, evaluarlas y seleccionar la mejor. Pida a los trabajadores afectados que **prioricen** sus requerimientos, especifiquen el marco de tiempo y expliquen por qué.

Finalmente, haga todo lo necesario para poner los recursos necesitados en las manos de quienes tienen que hacer el trabajo.

A fin de asegurar de que no se presente una escasez nuevamente:

- **Anticipe** los recursos necesarios por adelantado.
- **Manténgase alerta a las dificultades** causadas por una falta de recursos, corregir la situación generalmente elimina un cuello de botella y mejora rápidamente la productividad.
- Cuando se hagan reducciones de presupuesto o costos que puedan afectar la disponibilidad de recursos, **utilice métodos probados** tales como el Análisis de Valor o el Proceso de Rediseño para asegurarse de que sólo se estén eliminando funciones sin valor agregado.
- Cuando se estén planeando cambios significativos, utilice **un enfoque basado en equipos** para identificar y evitar problemas potenciales de recursos, al considerar el **proceso total** y no sólo un elemento.
- Haga arreglos para que la mayoría de los recursos, o todos ellos, sean enviados como **una unidad entregada al mismo tiempo**.
- **Resuelva el problema de los casos de falta de disponibilidad de recursos,** llegue a la raíz de la causa y lleve a cabo cambios permanentes para eliminar la recurrencia.

Observaciones

Los problemas de recursos resultan en personal frustrado

dentro de la empresa y la efectividad reducida. A menudo, también impactan negativamente al cliente final.

La mayoría de los problemas de recursos son el resultado de deficiencias de proceso, decisiones de la gerencia, defectos de planeación, o cambio de circunstancias. Rastrear estos problemas y eliminarlos generalmente resulta en la recuperación significativa y una mejor moral.

Los problemas pueden ser como los granos de arena en una ostra—pueden convertirse en una perla de gran valor.

—Los autores

Una pausa para sonreír

Juez: *Bueno, señor, a juzgar por su respuesta sobre cómo reaccionó a la emergencia, parece que usted es una persona de inteligencia y buen juicio.*

Testigo: *Gracias, Su Señoría. Si no estuviera bajo juramento, le devolvería el cumplido.*

7 **Otros lo están evitando**

¿Por qué?

Uno o más grupos de líderes informales o formales está limitando deliberadamente el esfuerzo de trabajo y producción de los empleados. Estos líderes podrían estarlo haciendo simplemente para demostrar su poder e influencia a otros en el grupo de trabajo o al gerente. Sus motivaciones pueden ser personales o surgir de una disputa laboral.

Los empleados han sido bien entrenados y se les han dado las herramientas que necesitan. Saben lo que se espera de ellos y quieren hacer bien el trabajo. Pero algunos podrían temer enojar a sus compañeros a quienes no les gusta ser "dejados en evidencia" por aquellos que hacen su trabajo concienzudamente y bien.

Estos individuos podrían querer poner a prueba las expectativas y nivel de tolerancia de un gerente nuevo, hacer que éste aligere ciertas exigencias o pase por alto conductas y prácticas inaceptables. En ocasiones, se hace como represalia por ciertas acciones que ha iniciado el gerente o para "suavizar" al que consideran un nuevo gerente "inflexible".

Presionar a otros para que hagan el mínimo podría ser un complot para forzar a la gerencia a programar tiempo extra al precio de una vez y media o dos del tiempo normal. O podría ser sólo un juego, una manera de superar el aburrimiento y "divertirse" un poco a costa del supervisor o gerente. Algunos individuos expresan su creatividad intentando "burlar al sistema" o atormentar "al jefe", sumando a otros a estos esfuerzos.

Retener esfuerzo o "trabajar a reglamento" es una táctica reconocida utilizada por los sindicatos y las asociaciones profesionales para generar una protesta pública, acelerar el proceso de negociaciones y, con un poco de suerte, lograr un arreglo más generoso. El trabajo a reglamento a menudo es parte de una estrategia sindical previa a, o durante, las negociaciones del contrato, y se utiliza para presionar en apoyo al equipo de negociación.

La conexión: de actitudes a resultados

Los empleados que están motivados y se quieren desempeñar bien, a menudo son confrontados con presiones y lealtades contradictorias. Quieren hacer su trabajo lo mejor que saben. Sin embargo, también son miembros de un grupo de trabajo, una asociación profesional o un sindicato, y se espera que cumplan las normas del grupo.

Creen que tienen pocas opciones aparte de hacer lo que dictan sus compañeros, asociaciones o sindicatos, aun si están totalmente en contra. Atrapados entre dos fuerzas opuestas, generalmente sienten que deben caber dentro de su grupo, seguir las instrucciones de su liderazgo y esperan compensárselo a la gerencia luego, a través de su desempeño laboral.

Los pocos que están desmotivados, se sienten desconfiados y son negativos, lo ven como una oportunidad para "castigar" a la empresa y a la gerencia, demostrar su poder, y lo hacen con el apoyo de miembros del grupo de trabajo que piensan de manera similar y que son líderes informales.

Cuando la gerencia está implementando cambios, estos pocos creen que lo que en realidad está haciendo o intenta hacer ésta es potencialmente nocivo para ellos en términos de esfuerzo o ganancias. Por lo general, uno o más líderes formales o informales explotan tales creencias y convencen a otros de que necesitan "flexionar los músculos", demostrar su poder y enviarle a la gerencia "un llamado a despertar".

Los trabajadores capaces y motivados se sienten desilusionados y frustrados por las condiciones fuera de su control. Quieren complacer a ambas partes, lo que generalmente es difícil o imposible. Nuevamente, aquellos que son perjudiciales y desconfiados ventilan su ira y culpan a la gerencia de la situación. Sus sentimientos predominantes son la sospecha y el escepticismo. Son cautelosos de todo lo que proponga la gerencia, sospechando algún efecto adverso o trampa.

Aquellos considerados los individuos mejores, más confiables, se "someten" y "mantienen un perfil bajo". Hacen lo que pueden para satisfacer a su gerencia, pero no hacen nada opuesto a su asociación o sindicato. Toman la misma posición con el sindicato, caminan en la manifestación o retienen sus servicios si están absolutamente obligados, pero participarán en las acciones menos provocativas que les sea posible.

Los individuos perjudiciales que consideramos nuestro problema por lo general están conscientes de las acciones y conductas que serán, o no serán, toleradas por la gerencia. Sin embargo, los extremistas en este grupo, intencional o no-intencionalmente alentados por la retórica de su sindicato o asociación, podrían llegar a atacar a los trabajadores de reemplazo, supervisores o compañeros de trabajo que juzguen que son menos militantes. Aquellos con tendencias destructivas sabotean el producto en proceso o dañan la propiedad de la empresa.

Los resultados son que la productividad generalmente se reduce. Ocasionalmente a paros de trabajo y, en algunos casos, hay lesiones personales y daño a la propiedad hasta que las partes resuelven los problemas.

REMANDO POR EL BRONCE

Podría no ser un compañero de trabajo el que detiene el buen desempeño de un empleado, sino un supervisor o gerente que, consciente o inconscientemente, teme a las consecuencias del éxito.

Aunque es difícil de creer, hay entrenadores que preferirían que su equipo gane una medalla de bronce o termine cuarto a que gane el oro. De acuerdo al entrenador de un equipo de remo de una universidad, algunos entrenadores prefieren el tercer lugar porque es un final cómodo y aceptable, uno que permite una mejoría al año siguiente. Si ganan el oro les preocupa que se les formulen dos preguntas que preferirían evitar: "¿Por qué no logramos esto el año pasado?" y "¿Volverá el equipo a ganar el oro el año que viene?" Ganar el oro genera expectativas.

Los gerentes y empleados en ocasiones intentan bajar las expectativas de los demás a fin de poder demostrar la mejora futura cuando sea necesario para retener su puesto.

AYUDA EN LUGAR DE ESTORBO

Con sólo tres semanas para que el contrato laboral expirara, la empresa estaba atrasada en la producción y en peligro de entregar después de tiempo las unidades a su cliente más grande y más antiguo. La única manera de avanzar y cumplir con la fecha de entrega era programar tiempos extras significativos. Esperando resistencia o una negativa abierta, la gerencia no tuvo más alternativa que pedirle al Director de Planta del sindicato que apoyase el pedido de tiempo extra y que recomendara la aprobación de sus miembros. El momento no podría haber sido mucho peor, los empleados ya habían votado a favor de una huelga (no es poco usual dado que aumenta el poder de negociación del liderazgo), y las relaciones entre la gerencia y el sindicato eran tensas, para decir lo menos.

Pero la gerencia explicó que tanto la empresa como los empleados se beneficiarían de satisfacer al cliente, asegurando así una relación duradera. Aun en este momento de gran tensión, ambos lados pudieron hacer a un lado sus diferencias y reconocer el beneficio mutuo de satisfacer al cliente.

¿Cuándo y por qué ocurre este tipo de problema?

Con frecuencia, la gente es obstaculizada por otros en cumplir con lo que se espera de ella en una de estas cuatro ocasiones:

1. Cuando se contrata a un nuevo empleado "entusiasta" y éste hace un mayor esfuerzo y produce más que la gente existente en el departamento.

2. Cuando se nombra a un gerente nuevo algunos de los empleados podrían reducir su esfuerzo, extender los periodos de descanso o intentar cortes cortos a fin de determinar si el gerente aceptará este nivel de actividad.

3. En un momento de cambios en las reglas, prácticas, pagos, beneficios, carga de trabajo, horario de trabajo, equipo o procesos nuevos, los líderes informales estudiarán cuidadosamente

los cambios para determinar cualquier impacto negativo posible.

4. Durante las negociaciones de contrato o durante las disputas laborales por agravios, como se señaló antes, habrá algunos que restringirán sus esfuerzos personales al igual que los de otros.

La restricción deliberada del esfuerzo de los demás generalmente es un "juego de poder". Tiene la intención de demostrarle al empleado nuevo, a otros en el grupo de trabajo, a la gerencia, o a los tres, dónde está el poder. El propósito es el de lograr uno de dos objetivos: es ya sea para obtener algún beneficio, ganancia o concesión, o para castigar a la gerencia por algún cambio o penalidad que ha introducido.

Variaciones de este problema

Usted podría tener este problema cuando ve grupos que deliberadamente evitan la interacción con un individuo en el lugar de trabajo. Podría llamarle la atención cuando se reportan amenazas físicas y / o ataques a aquellos que están dispuestos a trabajar. Puede asomar de numerosas maneras en tiempos de inquietud laboral (campañas para paros técnicos, restricciones a actividades voluntarias, piquetes y penalidades impuestas por el sindicato a los miembros que violen estas sanciones).

Corregir el problema y prevenirlo en el futuro

Cada vez que un empleado nuevo se una a su área, manténgase alerta a las posibles presiones para limitar la producción y a la posibilidad de que algunos empleados puedan abusar o "someter" a la persona nueva. A la primera señal de que esto está sucediendo actúe con prontitud:

- Si uno de sus líderes informales está creando constantemente la disensión, **discuta la situación con su gente de Recursos Humanos** y pida sus sugerencias y apoyo. Luego tome las acciones disciplinarias correctivas apropiadas. En el Capítulo 12 encontrará información adicional que le será útil.

- En algunos casos, la **transferencia** del individuo podría ser una solución viable *(pero nunca a un puesto más deseable o de salario más alto, o parecerá que usted está premiando la conducta indeseable).* Una transferencia debe servir sólo para aislar al individuo y minimizar su impacto, nunca para enviarle el problema a otro gerente.

- Lo que sea que haga, **no ignore la situación** porque a través de su falta de acción estará condonando y perpetuando la conducta.

Consciente o inconscientemente, los empleados están evaluando a su gerente, a sus compañeros empleados y a la situación constantemente. Esto ocurre de manera automática y continua. Afecta sus actitudes, emociones y conducta. Ellos deciden dónde son mejor servidas sus lealtades, quién tiene credibilidad, en quién pueden creer y a quién pueden respetar. Un gerente astuto previene que los elementos perjudiciales obtengan ventaja al ganarse el apoyo de sus trabajadores. Lo hace comunicando y actuando de una manera cuidadosa y consistente:

- Lograr que los empleados se inclinen por su modo de pensar y ganarse su lealtad se logra mejor **eliminando las condiciones negativas**. El esfuerzo comienza con comunicar expectativas y asegurarse de que los empleados sepan cómo hacer el trabajo. Cuando usted se toma el tiempo y hace el esfuerzo de hacer lo anterior, establece los fundamentos de una relación duradera de cooperación, lealtad, confianza y respeto.

- Frecuentemente, la gerencia puede prevenir este tipo de problemas **comunicando pronta y francamente sus razones para cualquier cambio significativo**, por qué es necesario y cómo será de beneficio para los empleados, la empresa y los clientes.

Observaciones

En situaciones de conflictos y negociaciones con el sindicato, el gerente individual está limitado en lo que puede hacerse personalmente para mitigar la influencia de aquellos que restringen el desempeño. Sin embargo, virtualmente todos los contratos contienen una "cláusula no obstante". Estas cláusulas señalan que, aparte de las provisiones del contrato en el acuerdo, "la gerencia tiene el derecho exclusivo de dirigir la empresa".

El gerente se enfrenta al desafío de permanecer enfocado y de llevar las cosas de la manera normal, firme pero justa. Cuando haya un incendio, no abanique las llamas. Permanezca calmado, apoye calmada y calladamente los esfuerzos de la dirección, haga el trabajo y muestre su apreciación por los esfuerzos de los empleados.

Recuerde a los empleados que, en algún punto, todos los asuntos contenciosos se solucionarán y que se llegará a un acuerdo. Mencione el hecho de que, sin importar lo que

pase, tanto la empresa como el sindicato deben satisfacer a los clientes o no habrá ni empresa ni empleos. La seguridad laboral depende de la empresa, sus empleados y los clientes, quienes deben estar satisfechos.

"Si quieres poner a prueba el carácter de un hombre, dale poder."
—Abraham Lincoln

"Si estas atravesando el infierno, sigue avanzando."
—Winston Churchill

Una pausa para sonreír

"Aprende de los errores de los otros. No podrías vivir lo suficiente como para cometerlos todos tú mismo."
—Anónimo

8 No son los adecuados para el trabajo

¿Por qué?

Sus características físicas, mentales o emocionales (que podrían ser ideales para ciertos puestos) entorpecen o evitan su efectividad en este puesto particular. En otros casos, sus valores difieren de los de la organización, gerente o grupo de trabajo. Por lo tanto, en ocasiones sienten un conflicto interno y, en casos extremos, encuentran imposible trabajar para la empresa o con sus colegas.

Sus instintos sobre una persona le dicen" ¡Contrátala!" Su currículum es grandioso. En las entrevistas muestra una buena comprensión de los requerimientos del puesto pero, más importante, exuda algo que usted siente que le falta a su empresa, la "excitación" que siente que necesita su fuerza de ventas, o un aire de profesionalismo calmado que será una buena influencia para otros en la oficina. Usted le da el empleo y nada resulta como lo esperaba. ¿Qué pasó?

La conexión: de actitudes a resultados

Los velocistas son físicamente diferentes de los corredores de maratones, los artistas son distintos de los contadores y los inversores son más cautelosos que los especuladores. **Estas diferencias no hacen a una persona "mejor" que la otra. Significa que por lo general son "más adecuados" para ciertas tareas, funciones y responsabilidades.**

Piensan que pueden hacer lo necesario y podrían culpar a

otros o a las circunstancias de sus defectos. Algunos sienten que están demasiado calificados para el puesto y sus requerimientos. A un nivel subconsciente, se dan cuenta que simplemente no encajan—este empleo verdaderamente no es para ellos.

Por lo general se sienten frustrados e infelices porque están teniendo dificultades. Necesitan el empleo, así que luchan por hacer lo requerido. Algunos se sienten abrumados y estresados. Otros se sienten aburridos porque el empleo no les interesa o no les presenta un desafío, y no son buenos en éste.

Las conductas que puede observar van desde la evasión (expresada en ausentismo), excusas por un desempeño inferior al promedio y culpar a las circunstancias, los procesos y otras personas. El esfuerzo a menudo es poco entusiasta porque comienzan a darse cuenta de que no pueden o realmente no quieren desempeñarse a los niveles requeridos.

Encuestas conducidas por muchos años reportan típicamente que hasta al sesenta y cinco por ciento de los empleados les desagrada el empleo que tienen. Continúan en su puesto por una serie de razones: el sueldo, los beneficios, el prestigio que les otorga su puesto, el título o las oportunidades potenciales. Los motivos más intangibles incluyen falta de otras oportunidades percibidas, responsabilidades familiares, baja autoestima o miedo a hacer un cambio.

El resultado es que no son felices. Su desempeño está por debajo del promedio y, por supuesto, usted tampoco está feliz. Es verdaderamente una situación pierde-pierde.

La condición ideal es una en la cual las personas estén interesadas en su trabajo, se sientan desafiadas por la naturaleza de lo que se debe lograr y puedan utilizar sus talentos naturales. Por lo tanto, se desempeñan bien y así experimentan los beneficios emocionales que surgen naturalmente del buen desempeño: un sentimiento de logro, orgullo en sus objetivos logrados, el respeto de sus colegas y el reconocimiento y los elogios de su gerente. Esta es una envidiable situación gana-gana.

CAMBIANDO LUGARES

Laura y Anne tenían puestos en Recursos Humanos. Laura era coordinadora en el Departamento de Entrenamiento y disfrutaba de las tareas de identificación de necesidades, los aspectos de preparación y desarrollo del puesto, al igual que de interactuar con los directivos de otros departamentos. Anne era empleada en la Sección de Beneficios, donde se definen claramente los procedimientos y políticas y la única toma de decisiones que se permitía era si un reclamo era o no elegible para su pago. Ambas mujeres se desempeñaban con excelencia, eran bien educadas y estaban interesadas en las oportunidades que pudieran llevarlas a un ascenso.

Individualmente, durante un periodo de varios meses, ellas dieron a conocer su interés en un cambio de puesto para ampliar su base de experiencia.

El Director de Recursos Humanos, pensando que podía hacer felices a ambas, aceptó que ambas intercambiasen trabajos. Desafortunadamente, ninguno en el trío involucrado pensó lo suficiente en las diferencias en los requerimientos de estos dos puestos, o en las diferencias en las preferencias, intereses y características de personalidad de las dos solicitantes. En menos de sesenta días, ambas solicitaron regresar a sus tareas anteriores. Anne se sintió muy incómoda en una situación estructurada en la que tenía que cobrar, desarrollar e identificar lo que se tenía que hacer. Ella prefería por mucho la definición, reglas y lineamientos claros a partir de los cuales tomar decisiones. Laura estaba similarmente infeliz con las reglas y regulaciones limitantes en la Sección de Beneficios.

Hubo ganancias en el experimento. Ambas mujeres se sintieron más satisfechas en sus puestos originales cuando regresaron a éstos. Ambas se convirtieron en mejores miembros de Recursos Humanos, habiendo tenido una probada del estrés que soportan los individuos atrapados en empleos que no disfrutan. También aprendieron que, mientras que ciertamente podían manejar las tareas nuevas, no eran adecuadas para el puesto de la otra a causa de sus características de personalidad y preferencias. Ambas llegaron a apreciar lo poco que comprenden la mayoría de los individuos sus propias características y cuáles puestos se ajustan mejor a sus talentos naturales y preferencias. El intercambio sirvió como una demostración de cuán aptos deben ser quienes se ocupan de tomar las decisiones de contratación y ubicación cuando se trata de determinar la idoneidad de un candidato a un empleo.

MOTOSIERRA

Las publicaciones han reportado las muchas vicisitudes en la carrera de Motosierra. Dicen que él se había ganado el dudoso honor de este nombre debido a sus métodos ejecutivos. La Junta de Directores para un productor de accesorios de cocina conocido internacionalmente lo contrató como CEO porque querían a alguien que pudiera detener el flujo de tinta roja y restaurar a su empresa al crecimiento y la rentabilidad. Las tácticas despiadadas de Motosierra en una corporación anterior habían sido legendarias y efectivas, y la junta esperaba que él pudiese llevar a su empresa a las ganancias con rapidez.

De acuerdo a relatos de la prensa, Motosierra comenzó a utilizar los mismos enfoques agresivos que habían creado su reputación. Sólo que esta vez hizo los cortes más rápida y profundamente. Mes tras mes, los miembros de la junta se sintieron menos seguros sobre la sabiduría de su decisión de contratar a Motosierra. Con su entusiasmo, energía y convicción absolutos, Motosierra comenzó a desmembrar (recortar) la empresa. Antes de que pasara mucho tiempo, la salud del paciente corporativo se había deteriorado e iniciado un descenso acelerado. Aunque era muy difícil de hacer, la junta finalmente decidió que había cometido un error y eliminó a Motosierra de su puesto. El daño que había hecho a las vidas de los empleados y al bienestar de la empresa era imposible de calcular.

Se reportó que, dado que su enfoque no había logrado los resultados deseados, Motosierra alteró los libros de la empresa a fin de que las cosas parecieran estar mejor de lo que estaban. Acusado de fraude de valores por la Comisión de Valores y Seguros, aceptó pagar una multa de quinientos mil dólares. En las demandas de accionistas, los inversores ganaron un acuerdo de ciento diez millones de dólares al fabricante de accesorios. Según se informa, Motosierra pagó quince millones de dólares de esta cifra.

Todo sucedió a causa de una decisión de contratación que salió mal. El plan de reorganización por bancarrota de la empresa finalmente fue aprobado y, poco después, ésta cambió su nombre.

En la superficie, la junta obtuvo lo que quería: una persona que arreglara el problema de rentabilidad agresivamente. Lo que no previeron los miembros de la junta fue la posibilidad de que el candidato elegido fuera demasiado lejos con sus medidas extremas. Su confianza inicial en Motosierra fue absoluta y se dieron cuenta de lo que estaba sucediendo realmente demasiado tarde.

ADQUIRIR A UN NUEVO DIRECTOR DE COMPRAS

Durante el año pasado, el Gerente General había desarrollado sospechas de que la razón por las ganancias escasas de su empresa era el desempeño del agente de compras. Los materiales comprados sumaban casi la tercera parte del costo del producto y no había considerado ninguna estrategia o táctica nueva para reducir estos costos. Afortunadamente, el titular debía jubilarse, dándole al Gerente General la oportunidad de buscar a un individuo nuevo, agresivo y dinámico. A fin de reflejar la importancia del puesto y justificar una tasa de salario más alta, cambió el título de éste a Director de Compras e instruyó al Departamento de Recursos Humanos para que pidiera la ayuda de una empresa de reclutamiento.

Debido a la generosidad del paquete ofrecido, se identificó y contrató a un candidato con rapidez. El Gerente General alardeó ante su Comité Ejecutivo diciendo que había atraído a una persona con experiencia dirigiendo un departamento de seis personas.

En un lapso de cuatro meses, el nuevo recluta abandonó la empresa. No se había dado cuenta de que, mientras que su nuevo puesto ofrecía un gran título y excelentes recompensas, no tenía empleados que dirigir a excepción de un empleado compartido. En su trabajo, ya no era un director de personal, sino un "hacedor", hablando con vendedores y emitiendo órdenes de compra. Además, descubrió que la mayor parte de sus dólares por material comprado van a tres empresas acereras importantes que no cedían en sus precios.

¿Podría haber hecho el nuevo Director de Compras lo que

esperaba el Gerente General? Él no lo creyó así y consideró que el empleo no estaba a su altura, aunque el salario era atractivo. Ambas partes juzgaron mal la importancia del prestigio en esta situación, y esto arruinó las cosas. El Gerente General, en su apuro y entusiasmo, sobrevendió los desafíos y oportunidades del puesto. El candidato se permitió ser seducido por el título y el sueldo, y debería haber hecho más preguntas sobre el personal y las expectativas de desempeño.

LA BANDA DE LOS MOTOCICLISTAS

Un gran manufacturero obtuvo un contrato lucrativo que estipulaba una fecha de entrega casi imposible de cumplir. La gerencia y los empleados se apresuraron a terminar los dibujos y enviar los pedidos de materiales que tenían plazos largos de entrega. Se dejó al final la decisión de cuántos empleados de planta adicionales se requerirían.

Con sólo dos semanas antes del inicio de la producción, Recursos Humanos recibió una requisición para contratar a treinta y cinco soldadores altamente calificados y a algunos trabajadores de ensamblado menos calificados. Desafortunadamente, los niveles altos de empleo en el área significaron que los soldadores eran extremadamente difíciles de encontrar. El tiempo era esencial, así que Recursos Humanos simplemente contrató a cualquiera que indicara que había sostenido un soplete. En el apuro por encontrar solicitantes, se pasaron por alto las pruebas de soldadura y la revisión de referencias con empleadores previos. Nadie se dio cuenta de que seis miembros de una banda de motociclistas estaban entre aquellos empleados durante la estampida de contratación. Como podrá imaginarse, durante su periodo de prueba fueron empleados modelos que nunca causaron un problema. Poco después del periodo de prueba comenzaron a pedir préstamos y muy pronto comenzaron a vender drogas. Hicieron falta meses de esfuerzo concertado de Recursos Humanos y los supervisores involucrados para identificar, documentar y aplicar los pasos disciplinarios requeridos para despedir a los seis.

¿Podrían los motociclistas haber hecho lo que se esperaba de ellos? Por supuesto que sí, pero no estaban allí para recibir un salario. Tenían en mente un negocio más lucrativo. Sus valores, conductas e intenciones no eran adecuados para el puesto y la empresa.

La causa raíz de esta situación fue la mala planeación de la dirección y las demoras que dejaron tiempo insuficiente para encontrar a los candidatos adecuados.

EL TESORO DE CHUCK

Cuando su padre se jubiló, Chuck se hizo cargo del negocio familiar de herramientas y matrices. Bajo la dirección de su padre, la empresa había crecido de las tres personas originales a las veinticinco actuales. En promedio, contrataban a una persona nueva al año y, en ocasiones, a dos. La contratación nunca fue un problema, porque la empresa tenía muy buena reputación en la comunidad. La empresa pagaba bien, y se comunicaba abiertamente con los empleados. Debido a su experiencia práctica con cada pieza de equipo mientras trabajaba lado a lado con los empleados, Chuck encontró sencilla la tarea de evaluar las aptitudes técnicas de los solicitantes de empleo. Si no estaba seguro después de entrevistar a un individuo, simplemente lo llevaba al taller y los hacía demostrar su habilidad. Poco después de que Chuck se hiciera cargo de la empresa, ésta inició una envidiable curva de crecimiento. Contrataba a una persona nueva cada dos meses, o más a menudo.

Fue entonces cuando comenzaron a presentarse los problemas. Muy frecuentemente, el problema no residía en la habilidad del recién contratado para llevar a cabo las tareas, sino con elementos menos obvios tales como el esfuerzo en el trabajo, la asistencia, la habilidad para trabajar con otros, la habilidad para aprender, para resolver problemas y la realización de tareas múltiples.

Chuck reconoció su necesidad personal de entrenamiento en las áreas de entrevista y aptitudes de selección. Se le debe acreditar que completó un curso de extensión en su colegio comunal local. Pero seguía careciendo de la confianza y comenzó a hablar con colegas y consultores en una búsqueda que lo llevó a lo que después llamaría su "Tesoro". Era un cuestionario con papel y lápiz relativamente simple que evaluaba un número de habilidades, intereses y características de personalidad del solicitante. Una de las cosas que él apreciaba más era la impresión de los resultados, que ofrecía tanto un comentario narrativo sobre cada elemento en el formulario de evaluación, como una valoración numérica para indicar el grado al que el solicitante contaba con cada característica.

A fin de desarrollar su habilidad en el uso de esta herramienta, Chuck la completó él mismo. Para ponerla a prueba todavía más, le pidió a su gente clave que completara la evaluación. Poco después todos en la empresa la habían llenado, incluyendo a su hijo e hija.

Un documento de evaluación como el de Chuck tiene una variedad de beneficios. Ofrece información importante que es difícil, si no imposible, de obtener de un currículum o de una entrevista (tal como una evaluación medible de los intereses y motivación de un solicitante). O confirma o contradice lo que se ha averiguado en una entrevista y, por lo tanto, lleva a preguntas adicionales para una segunda entrevista.

La habilidad para evaluar con efectividad a los solicitantes de empleo y a los empleados que buscan un ascenso son aptitudes vitales de un líder. Evita problemas antes de que ocurran. Resulta en una mejor contratación, evitando así el estrés y los costos asociados al reclutamiento inefectivo. Las decisiones informadas de contratación generalmente llevan a una mejor productividad, motivación y moral.

¿Cuándo y por qué ocurre este tipo de problema?

Desafortunadamente, los gerentes generalmente se dan cuenta de que una persona no es apta para un puesto poco *después* de que ésta ha sido contratada, transferida o promovida a responsabilidades nuevas. El problema también puede surgir cuando un gerente nuevo ha sido nombrado para dirigir el departamento y cambian las expectativas. Un empleado repentinamente puede volverse no apto para un puesto que ha manejado con bastante capacidad cuando el puesto mismo cambia en términos de tareas involucradas, requerimientos técnicos o nivel de dificultad.

Cuando la empresa se está reduciendo, la gente podría ser cambiada a puestos que no se ajustan a ella. Lo mismo puede suceder cuando una empresa disfruta de un crecimiento rápido y los individuos son promovidos antes de que su desempeño actual, aptitudes verdaderas, o idoneidad hayan sido evaluados.

En ocasiones, sucede porque la persona que lleva a cabo las contrataciones no ha comprendido totalmente los requisitos del trabajo, o aspectos especiales de la situación. Podría ser que haya estado demasiado apurada o que haya sido demasiado inexperta como para ser efectiva en el proceso de entrevista y selección. En algunos casos, el candidato afirma haber hecho este tipo de trabajo antes, cuando no es así.

En algunos casos, las transferencias y promociones se hacen con base en la antigüedad u otras razones, y no se consideran la habilidad y los intereses.

Finalmente, muchas decisiones de selección equivocadas se toman porque la persona a cargo no ha seguido todos los pasos de selección o no tiene métodos probados para examinar uno o más de los atributos requeridos. Cada organización es más efectiva en la contratación cuando utiliza un método efectivo de evaluación, uno que mida la habilidad para aprender y resolver problemas, clasifica los intereses de un candidato en números, gente o cosas, y evalúa las características esenciales de personalidad. Sin este tipo de herramienta hay una confianza excesiva en sus instintos, el currículum, el proceso de entrevistas o las revisiones de referencias que, en sí mismas, podrían o no ser confiables.

Variaciones de este problema

Existen muchas maneras en las que un trabajador puede probar no ser apto para un puesto. Algunos son mejores trabajando con sus manos que con su cabeza. Podría ser que aprenden y piensan con mucha lentitud como para resolver problemas rápidamente y en respuesta expedita a situaciones o podrían ser mejores en completar una tarea por vez más que en trabajar en tareas múltiples al mismo tiempo. Están quienes prefieren un ritmo lento y continuo a una situación de ritmo acelerado.

La gente también puede ser sorprendente; pueden mostrar habilidad con los números, palabras u objetos y aún así carecer de interés en las tareas que requieren de estas habilidades.

También podría ser una cuestión de valores. Están aquellos que prefieren trabajar solos a hacerlo en equipo. Algunas personas preferirían cooperar que competir. Hasta podrían creer que es falto de ética o inmoral vender o persuadir a otros, lo que los hace no aptos para puestos de ventas.

Corregir el problema y prevenirlo en el futuro

Antes de decidir si un individuo es o no apto para un puesto, la gerencia debería haber sostenido varias discusiones con el empleado. No inicie su conversación con la pregunta" ¿Por qué hizo esto?" o" ¿Por qué no está haciendo esto?" Una pregunta "por qué" en esta etapa probablemente será vista como una crítica y resultará en una respuesta defensiva más que en información útil. En su lugar utilice preguntas abiertas o enunciados simples tales como "Cuénteme lo que pasó" o "Cuénteme qué le está causando dificultades y qué disfruta".

Es importante haber revisado las expectativas, entrenamiento provisto, haberse asegurado de que los recursos requeridos hayan estado disponibles, y haber conducido varias sesiones de entrenamiento para proveer a la persona de todas las oportunidades para desempeñarse satisfactoriamente.

El empleado debe haber sido advertido de que un desempeño insatisfactorio continuado llevaría al despido. Debe haber tenido la oportunidad de explicar su desempeño por debajo de lo esperado. Si se han tomado estos pasos y se ha determinado que el individuo no es apto para el puesto basándose en el desempeño, entonces usted tiene varias opciones:

- Si la deficiencia es menor y / o las tareas son temporales, podría ser mejor **dejar** a la persona en su puesto.
- En algunos casos, podría ser mejor **transferirla** a otro puesto para el que sea más apta, esté más calificada y pueda ser más efectiva. (Esto no debería hacerse nunca para simplemente pasarle el problema a otro gerente.)
- Si esta no es una opción viable, en ocasiones es mejor para todos si la persona **encuentra un empleo más adecuado en otra parte**. Algunas organizaciones ayudan en este proceso ofreciendo un arreglo de despido y / o consejería de reubicación externa. Cuando esto se hace cuidadosa y efectivamente, generalmente el resultado es que la persona encuentra un puesto en el que es más productiva, está menos estresada, es más feliz y más exitosa. Antes de iniciar las acciones, siempre esté al tanto de los procedimientos y prácticas pasadas y los requerimientos legales.

A fin de evitar ubicar a la gente en empleos para los que no es apta, se requiere un proceso de selección que incluye los siguientes elementos:

- Que se llene un **resumen de los requisitos** para el empleo. ¿Qué tareas se deben realizar? ¿Qué decisiones se tienen que tomar? ¿Cuáles son los desafíos más difíciles a los que se enfrentará la persona y con cuánta frecuencia ocurrirán? ¿Qué conocimientos y aptitudes requerirá la persona? ¿Qué características de personalidad son deseables y cuáles son *imprescindibles?* ¿Cuáles son las condiciones en las que deberán funcionar, no sólo ambientalmente, sino en términos de velocidad, presión, precisión y relaciones?

- Un **formulario de solicitud de empleo** que reúna información y se apegue a las normas gubernamentales.

- Siempre **pida un currículum**, dado que ofrece un resumen general desde el punto de vista del solicitante. Lamentablemente, los currículums han perdido una gran parte de su valor como fuente de información precisa, porque algunos solicitantes tienden a exagerar, generalizar o engañar intencionalmente. Muchos candidatos hacen que una empresa o amigo prepare su currículum. Sin embargo, uno de los beneficios que ofrece, y es importante, es que es un buen punto de inicio para la entrevista. (Durante la entrevista usted sabrá cuán franco y completo es el currículum.)

- Siempre realice **entrevistas conducidas por dos o hasta tres personas** entrevistando al solicitante ya sea como grupo o por separado en la primera ronda. Tomen notas a medida que procesan las entrevistas y reúnanse luego para comparar la información e impresiones y a fin de evaluar la aptitud del candidato para el puesto. Formulen preguntas abiertas tales como" ¿Qué fue lo que más disfrutó de su puesto previo? ¿Qué disfrutó menos? ¿Qué fue lo más desafiante? ¿Qué fue lo más aburrido? Comparta conmigo una ocasión en la que haya sentido deseos de renunciar y por qué. Cuénteme sobre una ocasión en la que haya trabajado mucho y por mucho tiempo y sobre cómo se sintió al respecto. Déme un ejemplo de un conflicto que haya tenido con otra persona, cómo lo manejó, y cuál fue el resultado. ¿Cuándo fue la última vez que perdió la paciencia en el trabajo y por qué?"

- Después de eliminar a los candidatos obviamente no-aptos, **conduzca una segunda entrevista**. Confirme la información previa. Pregunte sobre áreas en las que usted y los otros entrevistadores hayan tenido impresiones diferentes, a fin de aclarar las razones de la diferencia. Formule preguntas circunstanciales que sean relevantes para el trabajo que se debe realizar, tales como "¿Qué haría en una situación como... ?" o "¿Cómo manejó una situación tal?" Todas las preguntas deben ser desarrolladas para obtener información que se relacione con los requerimientos del puesto. En este punto es importante hacer que el solicitante sea entrevistado por la persona que será su supervisor. Esta persona generalmente puede determinar si el candidato es técnicamente competente y cuenta con las aptitudes laborales requeridas.

- Una vez que haya reducido la cifra de candidatos a entre dos y cinco, **lleve a cabo los chequeos de antecedentes y referencias** con empleadores previos y una o dos de sus referencias. Estos chequeos son difíciles porque algunos empleadores ofrecen sólo información mínima tal como tiempo en que estuvieron a su servicio. Por lo general, la mejor información se obtiene contactando a la persona para la que trabajó directamente su solicitante. Dígales el motivo por el que está llamando, pregúnteles si quieren llamarlo después a fin de confirmar su identidad. Pregunte sobre las tareas desempeñadas, la asistencia, el esfuerzo laboral, etc. Luego pregunte a la referencia cuáles considera que son los dos o tres puntos fuertes más importantes y qué área de mejoramiento sugeriría. Por supuesto, una pregunta "obligatoria" sería" ¿Lo volvería a contratar?" Podría preguntar qué tipo de puestos piensa la referencia que son más adecuados para este solicitante. ¿Qué situaciones piensa que debería evitar el candidato? Escuche cuidadosamente en busca de cualquier indicación de negatividad y apúntela para darle seguimiento en el futuro.

• Como parte del chequeo de sus antecedentes, algunas empresas también hacen **revisión de crédito** si esto es relevante para el puesto, y **revisión de antecedentes criminales** en situaciones en las que pudiesen estar en riesgo niños o ancianos. Otros están verificando los **logros educativos y designaciones profesionales** porque estos datos a menudo son falsificados en solicitudes y currículums.

La sociedad se preocupa cada vez más por el acceso a, y la privacidad de, la información personal. En respuesta a estos asuntos, los gobiernos están elaborando y promulgando leyes para proteger a los individuos y controlar este tipo de información. Por lo tanto, los empleadores se están asegurando de que los solicitantes estén conscientes y de acuerdo en que se lleven a cabo esos chequeos. Lo hacen insertando una nota en el formulario de solicitud de empleo que se le pide al candidato que firme. Generalmente dice algo parecido a lo siguiente:

"Por el presente, el solicitante autoriza y da permiso a esta organización a que haga averiguaciones sobre, y verifique, la información que he dado. El solicitante también autoriza a empleadores previos, instituciones educativas, referencias u otros contactados a proveer la información solicitada y reconoce que esta información podría influir en la decisión de contratarlo."

ADVERTENCIA

Nunca contacte al empleador *actual* del solicitante sin permiso. El empleador podría no estar al tanto de que el solicitante está buscando un empleo nuevo y hacerlo podría poner en riesgo su trabajo actual. Nunca divulgue al solicitante información provista por un empleado previo o referencia.

- Finalmente, desarrolle o compre **un test o evaluación apropiada** para comprobar que el solicitante sea adecuado para el puesto. Existen muchas disponibles que han sido validadas. La principal preocupación debe ser que el test no sea discriminatorio y que mida elementos importantes para el éxito laboral real. Una herramienta de evaluación que han utilizado los autores con gran éxito mide el grado al cual el solicitante posee características de personalidad tales como Diplomático o Independiente, Cooperativo o Competitivo, Sumiso o Asertivo, Autosuficiente o Enfocado al Grupo, Reservado o Extrovertido. Este documento de evaluación también indica aspectos personales tales como Habilidades, Motivación e Intereses. Es interesante señalar que puede revelar que un solicitante califica alto en habilidades tales como Trabajo con Números, Trabajo con Palabras o Trabajo con Formas, mientras que la sección de Motivación/Interés indica poco o ningún interés en estas áreas. Las herramientas de evaluación estructuradas dan a conocer y definen atributos que son casi imposibles de determinar en una entrevista. Además, miden y revelan extremos en cualquiera de estas características. Estas son difíciles de reconocer o calificar de cualquier otra manera.

ADVERTENCIA

Nunca, nunca, nunca tome una decisión de contratación, transferencia o promoción basándose solamente en un documento de evaluación, entrevista(s), o chequeos de referencias favorables. Considere toda la información disponible gracias a las entrevistas, currículum, revisiones de referencias, observación personal y resultados de las evaluaciones. Si existe alguna duda, continue con más entrevistas y chequeos.

Antes de utilizar un documento de evaluación es imperativo asegurarse de que no haya factores discriminatorios, evalué factores importantes para el éxito en el trabajo y haya sido validado.

Observaciones

Los investigadores han indicado recientemente que hasta el noventa por ciento del desempeño laboral y el éxito organizacional depende de asignar a las personas a puestos apropiados a sus intereses, talentos naturales y características de personalidad. Es mucho más fácil contratar a individuos que ya están motivados a hacer lo que usted necesita que se haga, que intentar motivar a alguien que no está interesado, dispuesto o motivado. Una característica normalmente favorable, cuando es demasiado extrema, podría convertirse en una desventaja en una cierta situación o responsabilidad.

Participe en el mejor entrenamiento que pueda encontrar sobre aptitudes de definición de puesto, entrevista, selección y contratación. Este conocimiento probará ser invaluable durante toda su carrera. Ofrézcase para ayudar a otros en la entrevista de solicitantes. Su tiempo será bien recompensado por la experiencia adicional que obtendrá.

Siga buscando hasta que encuentre un documento de evaluación que encuentre útil. Luego utilice este documento en cada oportunidad que tenga **hasta que pueda relacionar fácilmente la información del reporte de evaluación con conductas observables** en el trabajo y con su impacto en el desempeño y éxito en el trabajo.

UNA ADVERTENCIA FINAL

Ha habido muchos casos en los que un maestro, gerente o ejecutivo ha juzgado mal las habilidades de un individuo. Ejemplos:

"Nunca lo lograrán. Cuatro grupos quedaron fuera. Regresen a Liverpool."
—Un ejecutivo de Decca Records a los Beatles en 1962.

En 1954 Jim Denny, gerente del Grand Ole Opry, despidió a Elvis Presley después de una presentación. Sugirió a Elvis: "Tienes que volver a conducir camiones". Por supuesto sabemos que Elvis terminó convirtiéndose en uno de los cantantes más populares de Estados Unidos.

Louis L'Amour escribió más de cien novelas del oeste con más de doscientas millones de copias impresas. El hecho de que recibió trescientos cincuenta rechazas antes de que una editorial aceptara su primer libro es poco conocido.

"Para casi todos nosotros, el éxito o el fracaso en cualquier tarea es causado más por una actitud mental que por las capacidades mentales".
—DR. William Osler, Médico y Profesor
de renombre internacional

"Cuando contratas a la persona correcta, no puedes hacer nada mal. Cuando contratas a la persona equivocada, a pesar de todos tus esfuerzos, no puedes hacer nada bien".
—Anónimo

Una pausa para sonreír

¿Es usted adecuado para estos puestos?

"Mago tiene un puesto para una joven atractiva que lo asista en una ilusión de decapitación. Buen salario y beneficios médicos."

"Se busca operador de mezcladora para puesto en fábrica de dinamita. Es posible que se requieran algunos viajes, con poca anticipación."

9 Piensan que tienen algo que ganar y nada que perder

¿Por qué?

Se inclinan a ser oportunistas. Habiendo observado lo que sucede en el área de trabajo, han llegado a creer (correcta o equivocadamente) que hay pocos beneficios *por* hacer lo que se espera y, por otro lado, rara vez hay penalizaciones *por no* hacer lo que se espera de ellos.

¿Qué nos frustra más que la gente que puede hacer lo que esperamos pero que no lo hace? Sabemos que podrían hacerlo porque lo han hecho antes. Estamos seguros de que saben qué hacer, cómo hacerlo, tienen los recursos y comprenden los procesos y procedimientos. A pesar de todo esto, las tareas se hacen parcialmente, tarde o incorrectamente. El esfuerzo de trabajo es menor al que razonablemente podemos esperar. En ocasiones, se desempeñan como se espera y otras veces no. Simplemente no podemos estar seguros de lo que podrían hacer.

Unos pocos están en modo de evasión, pensando en maneras de evitar hacer lo que se espera que hagan.

Hacen lo que tienen que hacer para ganar su sueldo. Pero buscan atajos, evaden las reglas o recortan el proceso para ganar los beneficios con el menor esfuerzo posible.

La conexión: de actitudes a resultados

Algunos empleados piensan que son más listos que otros

dentro de su grupo de colegas. De hecho, creen que son más astutos que el "jefe". Tienen las cosas "resueltas", especialmente la distinción entre lo que deben hacer y lo que no tienen que hacer. Estas creencias se han desarrollado con el tiempo, al observar lo que pasa en el departamento y en la organización en general. Están conscientes de aquellos que se han desempeñado por debajo de la norma sin sufrir consecuencias negativas. Por otro lado, saben que aquellos que se desempeñan mejor que el grupo no reciben ningún pago adicional ni elogio, y obtienen poco reconocimiento por su esfuerzo extra. **Han llegado a la conclusión que pueden hacer lo menos posible y que quienes hacen más son idiotas.**

Se sienten presumidos, superiores y seguros en su análisis del sistema. No importa lo que hagan o no hagan, están seguros de que no habrá consecuencias negativas serias. En muchos casos, consideran que ganarle al sistema y disfrutar de hacerlo es un desafío. Para ellos añade excitación y dificultad a un empleo que de otra manera es aburrido. De esta manera crean sus propias recompensas intangibles.

Algunos no quieren hacer nada. Les gusta jugar a "atrápame si puedes". En algunos pocos casos extremos desarrollan esquemas complejos para evitar un esfuerzo de cualquier tipo (trabajan tramando cómo no trabajar). Encuentran lugares para esconderse y se toman tiempo para planear excusas con anticipación.

Algunos toman el enfoque opuesto: quieren obtener todos los beneficios disponibles, pero hacen tan poco como sea posible para ganarlos. Calculan cómo pueden maximizar las recompensas con ladinos métodos y estrategias. Los casos extremos son, por ejemplo, esos pocos CEOs corporativos con atractivas opciones de acciones y planes de compensaciones que han sido extremadamente innovadores en su uso de métodos cuestionables de llevar las cuentas que maximizan sus ganancias. Algunos han sido lo suficientemente persuasivos y poderosos como para convencer a sus firmas de contabilidad para que colaboren con sus esquemas para detrimento de los accionistas. De acuerdo a reportes en la prensa de negocios, las firmas contables y legales han, en algunos casos, iniciado estas tácticas cuestionables.

Los resultados generalmente son predecibles. Cuando son ignoradas tales conductas inaceptables, y se permite que continúen sin consecuencias negativas, otros en el grupo de trabajo o la industria siguen el mismo camino. Con el pasar del tiempo hay una desviación en esta dirección y otros grupos adoptan conductas similares. En casos extremos, hasta las organizaciones grandes son tomadas totalmente por tal conducta y ésta se vuelve la norma en una cultura corporativa de esfuerzo mínimo y conductas improductivas.

EL GRAN BILL

Este era el primer día de Jim como supervisor en el departamento y, por supuesto, estaba nervioso y excitado. Una gran parte del día pasó conociendo a los empleados, revisando el programa de producción, checando reportes pasados y verificando la producción del día. Hacia el final del turno, se dio cuenta de que uno de los trabajadores nunca parecía estar haciendo algo.

"¿Qué hace ese hombre?", le preguntó a uno de los otros empleados. Este le dijo que el nombre de la persona era Bill y que no hacía más que sentarse a leer libros de bolsillo.

¿Y eso por qué?", preguntó Jim.

"No lo sabemos, ha estado aquí por casi cuatro meses y nunca ha hecho más que leer. Pensamos que el supervisor previo le tenía miedo y no sabía qué hacer con él."

Jim podía entender por qué el supervisor anterior podría haberse sentido intimidado. Bill pesaba más de ciento treinta kilos y medía más de un metro ochenta. Con cabello largo, barba poblada y usando la indumentaria de cuero de un motociclista, era una figura imponente e intimidante. Francamente, Jim tampoco sabía qué hacer. Dado que el día casi se había terminado, lo dejó pasar. Durante la noche no pudo dormir, dando vueltas y moviéndose. En la mañana todavía no se le había ocurrido una solución.

Una vez que llegó a la planta, se dirigió directamente a Bill y le dijo: "Bill, como sabe acabo de empezar. ¿En qué se supone que está trabajando aquí?"

"No tengo ni idea", respondió Bill tranquilamente. "Nadie jamás me ha dicho qué hacer. Déme algo que hacer y lo haré bien."

Jim le encontró un trabajo manejando un depósito de herramientas y Bill lo hizo bien, como había prometido. Problema resuelto. No hubo incentivo para que Bill hiciese algo, ni penalización por hacer nada, así que no había hecho nada y había esperado a ver si alguien alguna vez le daría algo que hacer.

Si usted duda que puedan pasar estas cosas, una amiga leyendo un borrador de esta información compartió con nosotros el hecho de que una vez fue contratada como Gerente de Proyecto y no se le asignaron tareas por seis meses. Esto sucedió a pesar de sus repetidos pedidos a su gerente (que viajaba frecuentemente) y a otros líderes de la organización.

LOS INCENTIVOS PUEDEN SER CONTRAPRODUCENTES —HERMAN SE TIENE QUE IR

Herman no era un hombre agradable. Como Gerente de Planta en una unidad de más de doscientos setenta empleados, era lo que la mayoría de la gente calificaría de "un elefante en una cristalería" o de "un tipo mal encarado". Aquellos que trabajaban para él, cuando mucho, lo toleraban. Confiaba en pocos, sospechaba del resto, y parecía que no podía evitar ser dictatorial y despectivo. Era su inclinación natural. A su favor tenía que era leal a la empresa, se esforzaba por mejorar la productividad e intentaba mejorar sus técnicas de liderazgo. Pero a pesar de lo que intentaba, las cosas no funcionaban. Algunos podrían decir que era porque su corazón no estaba puesto en ello y otros que se debía a que no tenía corazón.

Tenía una gran variedad de empleados, desde maquinistas y electricistas muy capaces a ensambladores, conductores de carretillas elevadoras y personal de limpieza. El problema era que la planta no era tan productiva como esperaba el Gerente General. Francamente, tampoco era tan productiva como quería Herman. Con desesperación, Herman hacía todo lo que había pensado: elogios, amenazas, estudios de tiempo, juntas de participación de los empleados y otros enfoques de grupo. Nada movía las cifras hasta donde él sentía que deberían estar. Finalmente, Herman recordó un programa de incentivos que parecía haber funcionado en otra planta. Era un programa de tiempo libre que permitía a los empleados no ir a casa sino ir a la cafetería por el resto del día cuando los objetivos del día se habían cumplido.

Cuando Herman sugirió el programa, el sindicato se opuso. Recursos Humanos también estuvo en contra, pero el Gerente

General, aunque dudoso, finalmente lo aprobó. En pocos días comenzaron las montañas de quejas. Alrededor de un tercio de la gente terminaba antes cada día; algunos concluían media hora antes y otros hasta noventa minutos antes. Pero estaban aquellos en la planta, tales como los operadores de máquinas, que no podían terminar antes porque las velocidades de sus máquinas estaban preestablecidas y no podían aumentarse. No había manera posible de que terminaran antes. Los conductores de las carretillas elevadoras estaban en una situación similar, porque tenían que estar disponibles hasta el final del turno. De hecho, ninguno de los que les daban servicios a otros podían irse hasta que todos en el área hubiesen terminado.

Herman se dio cuenta demasiado tarde que, mientras que un tercio de su gente estaba feliz con el programa nuevo, los otros dos tercios se sentían engañados y comenzaron una campaña de huelga técnica. Hacían los movimientos, pero lograban menos. La hostilidad obligó a Herman a volver a los arreglos laborales anteriores.

Podría haber evitado esta situación si se hubiese tomado el tiempo para hablar con algunas personas de cada una de las áreas, a fin de identificar los problemas potenciales. Pero entonces Herman no habría sido Herman. Perdió prestigio y poco después el Gerente General se compadeció y lo transfirió a otra planta. Para su consternación, Herman aprendió que los programas de incentivos mal concebidos pueden ser explosivos, engañosos y nocivos para la carrera.

El gerente que reemplazó a Herman, pasó su primera semana hablando con cada uno de los empleados. Pidió quejas, problemas y sugerencias. Escuchó con cuidado y desarrolló una lista. Luego les preguntó a varios de los líderes informales de grupo si podían ayudarlo a "arreglar las cosas". Utilizando este enfoque grupal, y con la ayuda de la ingeniería de procesos, rediseñaron el flujo de trabajo. Al mismo tiempo, se ocupó de las quejas de los empleados e incorporó algunas de sus mejores ideas al nuevo esquema. Problema resuelto. La productividad mejoró. Herman se había ido.

¿Cuándo y por qué ocurre este tipo de problema?

En ocasiones cuando se nombra a un gerente nuevo, uno o más individuos lo ponen a prueba a fin de determinar si el nuevo jefe sabe lo que debería estar pasando y los resultados que se deberían lograr. Luego se disponen a aprender qué tolerará esta persona. O ponen a prueba los límites ellos mismos, o alientan a otra persona a hacer la prueba mientras ellos observan, a salvo, desde fuera.

Ocasionalmente, estos problemas ocurren porque el gerente, inconscientemente y sin querer, recompensa conductas indeseables. Se espera un resultado específico, pero el empleado ve una recompensa en hacer otra cosa.

Este problema también podría deslizarse a la organización con el correr del tiempo. Individuos tales como estos comienzan a darse cuenta de que el gerente está distraído en otros asuntos, cansado por el esfuerzo que implica dirigir su área. En algunos casos, el gerente adopta las mismas conductas que sus empleados problema (por muchas de las mismas razones).

Aquellos con autoridad o no están conscientes de lo que está pasando, o están ignorando el problema. Por lo tanto, la gente no es responsabilizada de sus conductas o resultados. Si esto continúa, el problema crece gradualmente. Más gente sigue el mismo camino. La seriedad de las deficiencias se vuelve mayor y más frecuente. Otros factores podrían ser que el gerente no sabe cómo establecer expectativas o es renuente a preguntar. Podría no saber cómo utilizar la disciplina correctiva, o podría sentir que la empresa no apoyará una acción tal si la toma.

El problema crece a tal grado que no puede ignorarse, y alguien con más autoridad se hace cargo y reemplaza al gerente con alguien que pueda corregir y corrija las cosas. Otro factor que crea estos problemas es la falta de recompensas o reconocimiento por el gran esfuerzo y el trabajo bien hecho. La omisión hace que la gente se sienta subestimada, así que deciden hacer menos y preocuparse menos.

Variaciones de este problema

Con más frecuencia de lo normal o de lo esperado, aquellos que piensan que tienen algo que ganar y nada que perder, evitan la responsabilidad y el compromiso. Maximizan sus llegadas tardes, el tiempo de comida y descanso, y faltan por enfermedad cuando, de hecho, no están enfermos.

Algunos se dedican a robos y hurtos menores (tales como aumentar las cuentas de gastos, o llevarse a casa artículos pequeños), o utilizan el equipo y las facilidades de la empresa para su uso personal (tales como el teléfono, las computadoras, las copiadoras y los vehículos).

Aquellos que buscan algo que ganar podrían limitar deliberadamente su esfuerzo y producción para justificar el pago de horas extras. Quienes piensan que no tienen nada que perder podrían "hacerse los tontos" o hacerles chistes a otros para matar el tiempo.

Unos pocos llegan al extremo de encontrar lugares solitarios en los que pueden tomar una siesta o leer sin ser detectados.

Corregir el problema y prevenirlo en el futuro

Cuando algunos individuos sienten que no tienen nada que perder y que tienen algo que ganar, la situación puede corregirse **haciéndolos entender que sí tienen algo que perder cuando no satisfacen las expectativas:**

• Por lo general, la mejor manera de comenzar es **hablar** con la persona a solas, advertirle que su conducta negativa o desempeño insatisfactorio ha sido observado y darle ejemplos recientes.

• Pida una **explicación**. Obtenga su compromiso de que el problema cesará.

• Si es algo serio, o ha habido problemas previos, **adviértale** que la próxima vez que esto suceda habrá consecuencias negativas en términos de acciones correctivas.

• Antes de terminar la conversación, pregunte si entiende que usted habla en serio y pregunte si puede contar con su cooperación. **Obtenga su compromiso verbal.**

• Luego **monitoree** cuidadosamente su conducta.

• Si el empleado vuelve a su antiguo comportamiento tome la **acción disciplinaria** correctiva, apropiada. De la misma forma, si el trabajador mantiene su conducta favorable, tómese el tiempo de reconocer la mejoría.

Tenga en mente que tanto las ganancias como las penalidades ya existen en la mayoría de las empresas. Se debe ejercitar gran cuidado al introducir cualquier cambio, a fin de asegurar que se obtendrán los resultados deseados y de que se han considerado y eliminado las posibilidades negativas.

ADVERTENCIA

Siempre **haga lo que diga que hará.** *Nunca* **prometa o amenace con lo que no puede cumplir. Si no cumple, perderá credibilidad, confianza y respeto. Usted crea su reputación y, una vez creada, es difícil de modificar.**

Para prevenir estos problemas:

- **Esté al tanto de lo que está o no está sucediendo** en su área y tome acciones prontas y apropiadas.
- Esta **atención debe estar enfocada** tanto en los empleados confiables y conscientes como en aquellos menos confiables.
- **La retroalimentación positiva para los que se desempeñan productivamente refuerza tal conducta** y, por lo tanto, ésta continúa y aumenta. La falta de refuerzo positivo generalmente resulta, con el tiempo, en una disminución del desempeño de estas personas confiables.

En el caso de los intrigantes y oportunistas, la falta de atención de la gerencia es vista como una circunstancia que se debe explotar. Lo utilizarán para su mayor ventaja y generalmente para perjuicio de la gerencia. Pero si el gerente está alerta y actúa prontamente, estos individuos se dan cuenta y detienen sus acciones. No pasa mucho tiempo antes de que cada supervisor y gerente sepa qué empleados requieren más atención. A menudo se llama a esta gente empleados de alto mantenimiento.

Una vez que estos oportunistas se convencen de que su gerente está *siempre enterado* de lo que está sucediendo *y actuará en concordancia*, comienzan a reducir sus tendencias negativas. Dado que por lo general son capaces e inteligentes, se pueden convertir en empleados de excelente desempeño.

Observaciones

Las recompensas y penalizaciones no resolverán los problemas. Son efectivas sólo para conductas y resultados totalmente dentro del control y capacidad del individuo.

Algunos gerentes introducen programas para "chantajear" a los empleados para que hagan lo que se les paga por hacer. Lo hacen porque son incapaces, o no quieren, comunicar claramente las expectativas ni utilizar las medidas disciplinarias apropiadas y disponibles. Los incentivos generalmente no son tan efectivos como las recompensas.

Antes de introducir programas de recompensas tenga mucho cuidado. Asegúrese de que todos podrán beneficiarse proporcionalmente, que las recompensas sean equitativas, que los métodos para medir y demostrar el desempeño sean fácilmente determinados, transparentes y comprendidos. Finalmente, considere situaciones futuras tales como recesiones, cambios organizacionales y otros factores relevantes y qué impacto pueden tener en el programa y sus métodos.

Plantee claramente que el programa será revisado anualmente y que podría ser alterado a medida que cambien las condiciones. Los programas de recompensas basados en los logros de metas individuales, departamentales y organizacionales predeterminadas, que sean específicos, revisados trimestralmente y reiniciados anualmente son, por lo general, los más relevantes y efectivos.

Cuando observe conductas negativas, pregúntese qué espera ganar la persona con sus acciones. Ya sea consciente o inconscientemente, sus acciones (lo que hace y lo que *no* hace) están gobernadas por un deseo de obtener alguna ganancia o evitar algún posible esfuerzo o pérdida.

"No Podemos cambiar el carácter, pero podemos cambiar la conducta a través de incentivos y penalizaciones.
—Alan Greenspan, Presidente de la
Reserva Federal de Estados Unidos

Una pausa para sonreír

"El trabajo duro da sus frutos en el futuro, la pereza da sus frutos ahora."
—Zen Thoughts

Otra pausa para sonreír

Excusas para dormir en el trabajo:

- "Leí que dormir una siesta es uno de los hábitos de la gente altamente exitosa."
- "Los amigos del banco de sangre me dijeron que esto podía pasar."
- "No estaba durmiendo en el trabajo, estaba meditando en nuestro Enunciados de Visión y Misión."

10 Están desilusionados y desmotivados

¿Por qué?

El lugar de trabajo está sucio, desorganizado y es inseguro. No está disponible el equipo, materiales e información necesarios. No hay instrucciones de trabajo actualizadas, las instrucciones del jefe cambian todo el tiempo. Nadie entrena a nadie. El salario y los beneficios no son competitivos. El tiempo extra, los aumentos de sueldo y los ascensos se deciden injustamente. Los empleados y los directivos se tratan unos a otros sin respeto ni confianza.

En la sección "Para comenzar" de este libro se señaló que los primeros capítulos cubrirían los problemas que son más frecuentes y fáciles de corregir. Los últimos capítulos consideran problemas que son menos comunes, pero más difíciles de resolver. Este capítulo inicia esa transición.

Aquí vemos lo que ocurre cuando los gerentes no se ocupan de la mayoría de los asuntos de los que hemos hablado hasta ahora en este libro: una cultura de área de trabajo "enferma" atrapada en una espiral descendente, de moral en declive y ganancias que bajan. Parece como si ningún directivo se interesara en los empleados, o en lo que está o no pasando. **Lo peor de todo, los empleados que realmente se preocupan sienten que no hay esperanza de que la situación mejore.**

Por lo general, las condiciones y la cultura negativa son el resultado final de las prácticas gerenciales de muchos años. Estas prácticas, conductas, métodos y estilo gerencial surgen de las actitudes y creencias del CEO en la gente y en lo que se requiere para ser exitoso en un entorno laboral competitivo.

Si el CEO cree que, para competir, la empresa debe mantener su nómina y costos de beneficio más bajos que sus competidores, que el entrenamiento es un costo innecesario, y que mantener un lugar de trabajo limpio, organizado y seguro es un desperdicio de esfuerzo y fondos, entonces, naturalmente, esto es lo que se hace o no se hace.

El CEO o gerente crea sin saberlo las actitudes y cultura negativas de los empleados, la misma que le desagrada y deplora. Las percepciones de los directivos se convierten en profecías autocumplidas.

La conexión: de actitudes a resultados

Estos empleados han llegado a creer que un trabajo es un trabajo: no se puede esperar mucho de la gerencia, simplemente haz lo que tengas que hacer; es poco probable que la situación mejore, así que hay que aguantar.

Se sienten desilusionados y desinteresados en lo que pasa o no pasa. Sienten que la situación es desesperanzada y que es poco probable que cambie. A ningún directivo le interesa realmente.

Generalmente hacen lo que tienen que hacer. Se van prontamente a la hora de salida y demuestran poco interés en cómo se está desempeñando la unidad de trabajo o sus planes futuros. Podríamos decir que no están comprometidos ni con el trabajo, ni con el gerente, ni con la empresa. Sus preocupaciones son sobre sus derechos y obtener todo lo que puedan. En la superficie parecen pasivos, obedientes, hasta amistosos, pero no están emocionalmente comprometidos con lo que sucede.

Como resultado, los niveles de desempeño permanecen al nivel obligatorio mínimo. Hay pocas iniciativas de mejoramiento. La cooperación y el apoyo son limitados. El corazón de ninguno de ellos está en lo que hace. En algunos casos, las condiciones son pésimas, pero nadie hace nada por mejorarlas. Las conductas negativas son frecuentes. Pero la gerencia no toma ninguna acción correctiva. Eventualmente, la productividad desciende y las ganancias bajan en concordancia.

VÍSCERAS DE POLLO VOLADORAS

Normalmente, no levanto autoestopistas. Pero este hombre que caminaba por el camino cerca de una fábrica procesadora de pollo se veía cansado y abatido. Tal vez eso fue lo que me hizo parar. Le pregunté adónde iba.

"A casa", dijo. No ofreció más información.

"¿Qué hace yendo a la ciudad a esta hora del día?", le pregunté.

"Acabo de renunciar a mi empleo", respondió. "Finalmente me afectó. Hoy la gente de la línea se estaba lanzando vísceras de pollo unos a otros otra vez. Es peligroso, es sucio y es un desperdicio. Pero el supervisor no hace nada al respecto, y tampoco el gerente de planta. Creo que me puede ir mejor en otro lado", suspiró.

En circunstancias negativas, los empleados buenos y trabajadores tienden a renunciar. En este caso, la empresa perdió a un empleado dedicado y consciente por su incapacidad o falta de disposición a proveer un entorno de trabajo seguro.

CHRIS, UNIVERSIDAD Y COMPUTADORAS

Chris era un campista bastante feliz. Debido a que iba a iniciar un curso de ciencia de la computación en otoño, acababa de obtener un empleo de medio tiempo en una minorista de ventas y reparación de computadoras. Lamentablemente, se dio cuenta rápidamente de que el lugar estaba hecho un desastre. El inventario estaba acomodado peligrosamente por todas partes. Los registros de inventario estaban totalmente desactualizados y eran inservibles. Siendo consciente y estando ansioso por aprender, habló con el dueño y se ofreció para organizar el lugar, hasta dijo que lo haría en su tiempo libre. A la semana siguiente hizo justamente eso y cuando se fue esa noche, el lugar estaba limpio y ordenado. Chris se sintió orgulloso de lo que había logrado. Pero el orgullo se convirtió en disgusto cuando se reportó a trabajar a la semana siguiente y descubrió que las premisas y las existencias estaban en las mismas condiciones que antes. Renunció poco después.

El dueño demostró una falta de interés en la organización y la incapacidad para mantener el orden, al igual que falta de apreciación por lo que había hecho Chris. Perdió a un empleado consciente que estaba dispuesto a hacer más de lo que se esperaba de él.

LA LLAVE DEL AGUA CALIENTE —Y EL GOTEO

Era un Departamento de Ingeniería de alrededor de treinta y cinco personas, con Doug Jamieson como Ingeniero en Jefe. El Gerente General apoyaba y promovía los métodos de gerencia participativa. Convenció a Doug de que tales métodos eran "lo que había que hacer" y que generarían beneficios importantes. Recursos Humanos se reunió con Doug en varias ocasiones para ofrecerle conocimientos, describir los enfoques, desarrollar un plan de acción y prepararlo en general para la junta inicial con su personal. El especialista de Recursos Humanos tuvo cuidado en advertirle a Doug que, en ocasiones, la gente de un departamento presentaría una queja menor para medir la reacción y compromiso del gerente. Se le dijo que, si esto sucedía, lo aceptara y prometiera acción expedita para rectificarlo.

Llegó el día de inicio. Los empleados asistieron todos. Doug presentó los principios, métodos y beneficios. Luego preguntó si había algo en particular que el grupo quisiera comenzar a trabajar para mejorar.

"¿Podríamos empezar con algo sencillo y hacer arreglar la llave del agua caliente del baño de los hombres?", dijo un alma valiente. "No sale más que agua fría desde hace tres años."

Doug se puso nervioso y respondió: "No estamos aquí para cosas nimias como esa, ¿alguien tiene alguna otra sugerencia?"

No hubo más sugerencias, la junta terminó, y la iniciativa de liderazgo participativo murió.

Doug les había dado a los empleados la respuesta que ellos esperaban. Nada iba a cambiar realmente porque Doug no era capaz de cambiar su estilo de liderazgo, o no estaba dispuesto a hacerlo.

¿Cuándo y por qué ocurre este tipo de problema?

Los empleados se desmotivan y desilusionan cuando piensan que a la gerencia le importa muy poco la gente, tolera la conducta negativa, no le preocupan las condiciones apropiadas de trabajo y no está comprometida con el desempeño efectivo.

Las condiciones, el clima y la cultura en la empresa declinan y se vuelven cada vez más negativas, y la gerencia parece no hacer nada por mejorar las cosas. Una de las razones podría ser que el gerente ha estado en la situación por tanto tiempo y el declive ha sido tan gradual que simplemente no se da cuenta de lo severa e inaceptable que se ha vuelto. Otros factores podrían ser que la gerencia está alejada, poco involucrada, absortos o enfocados en otros aspectos de sus responsabilidades. En algunos casos, los talentos naturales del gerente son en las áreas técnicas o financieras necesarias para su puesto, pero carecen de las aptitudes humanas u organizacionales.

Finalmente, algunos gerentes se dan cuenta de lo que ha sucedido, pero no saben cómo mejorarlo y no buscarán ni ayuda interna ni externa. Piensan que hacerlo sería una señal de debilidad o no quieren que otros (oficina central, el departamento de Recursos Humanos) se den cuenta de la situación.

Variaciones de este problema

La gente pierde la motivación cuando no hay disciplina: cuando los empleados pueden "bromear" o acosar a otros y no se toman acciones correctivas.

Se desilusionan cuando hay una gran dosis de criticismo y pocos, si hay alguno, elogios, apreciación o reconocimiento. Sienten lo mismo cuando sus ideas y sugerencias son ignoradas y desmotivadas o cuando se hacen promesas en ocasiones, pero rara vez se cumplen.

Cuando la gerencia no comunica ningún sentimiento de misión, visión, metas o prioridades, ni da ninguna indicación de cómo se desempeña el departamento o empresa, los empleados sienten que están siendo deliberadamente "mantenidos en la oscuridad".

Corregir el problema y prevenirlo en el futuro

Una vez que se ha alcanzado este estado de malestar, es extremadamente difícil para el CEO/gerente generar personalmente cambios hacia condiciones correctas. El CEO/ dueño/ gerente que dirige la empresa tiene las siguientes opciones:

1. **Cambiar sus métodos** y prácticas (difícil de aceptar y de hacer).
2. **Reclutar recursos externos de consultoría** para ayudar en estos esfuerzos (puede ser efectivo si el CEO permite y apoya el cambio).
3. **Hacerse a un lado** y entregar las responsabilidades de liderazgo a una persona que tenga las aptitudes y experiencia requeridas (y luego apoyar personalmente sus iniciativas).

Las empresas grandes que reorganizan la dificultad en lograr que los líderes cambien sus métodos generalmente los reasignan, dándoles a todos una oportunidad de "comenzar de nuevo". Pueden despedirlos o nombrarlos a un puesto de "asesoría" en otro lugar. Cada vez más, hacen arreglos para la mentoría de una persona de recursos externos.

Para el raro CEO/ gerente que reconoce y acepta la necesidad del cambio en sus métodos, hay esperanza y ayuda. Este libro detalla muchos métodos de mejoramiento. Sin embargo, el CEO/ gerente necesitará identificar a **alguien (ya sea dentro o fuera de la empresa) que cuente con las aptitudes**

y cualidades necesarias para ayudar. Estas cualidades que requerirán son la habilidad, el valor y la perseverancia para decir llanamente: "Hay una manera mejor. Aquí está por qué y aquí está cómo mediremos el progreso". Comience antes mejor que después. Suprima la inclinación natural a quejarse por el costo. Observe a esta persona y aprenda de ella.

Prevenir este tipo de problema comienza con el desarrollo de **una comprensión/imagen/idea** de qué método y prácticas llevarán a una cultura positiva y a una fuerza laboral motivada. Esto se puede hacer leyendo, visitando a otras empresas, asistiendo a cursos y conferencias, y hablando con gente en la que confíe y a quien respete a su empresa.

Como gerentes, debemos estar al tanto de las dificultades, encontrar soluciones y hacerlo prontamente. **Siempre hay algunos empleados dedicados que quieren contribuir, y lo harán, a las mejorías, siempre y cuando la gerencia les dé el estímulo, los recursos y las aprobaciones necesarias.** Sin embargo, cuando sufren repetidas demoras, obstáculos y barreras que sienten que la gerencia puede resolver, eventualmente se dan por vencidos ante la frustración. En su apelación a aquellos que están dispuestos a ayudar, considere lo siguiente:

- La manera más sencilla, rápida y efectiva de recuperar su compromiso es **preguntarles cuáles son las tres cosas que sienten que la gerencia debería afrontar** a fin de mejorar las condiciones. Otra es utilizar una encuesta a los empleados. Luego seleccione lo más importante y comience a trabajar en las soluciones.
- Proyectos que los interesen y motiven. Asigne algunas **acciones a tomar** a los individuos, otras

a los gerentes y otras más a equipos de resolución de problemas.

- **Comunique el avance** y tareas completas con regularidad.
- Dé el **reconocimiento** apropiado por los logros. Los empleados comienzan a adoptar una actitud más motivada después de una serie de experiencias positivas.

Observaciones

El declive y fracaso final de cualquier organización, ya sea una agencia, una empresa, un club de servicios o hasta un país, generalmente comienza imperceptiblemente. Se permite que las cosas se deterioren, las expectativas bajan, se toleran las conductas y el desempeño inaceptables.

Si no es demasiado tarde, un líder nuevo revierte la tendencia y la organización sobrevive y prospera.

Cuando se pregunte a los empleados qué necesita mejorar, ya sea en persona o a través de una encuesta, prepárese para la retroalimentación negativa y esté dispuesto a actuar prontamente. De no ser así no pregunte, no empiece.

En ocasiones, los empleados comenzarán con una queja o sugerencia menor para "probar" el compromiso de la gerencia o para determinar si es seguro quejarse. Es imperativo tomar con seriedad los asuntos aparentemente insignificantes y actuar con prontitud.

A fin de generar un cambio en la motivación de los empleados, siempre tenemos que hacer cambios en la manera que dirigimos. Estos deben estar impulsados por un cambio en la manera en la que pensamos de los empleados. Debemos desarrollar una nueva perspectiva.

Puedes comprar el tiempo y la asistencia de la gente, pero no puedes comprar su entusiasmo, confianza, respeto o lealtad. No puedes comprar sus mentes, corazones y almas, estos te los tienes que ganar.
—Anónimo

"Los que pueden sobrevivir no son los más fuertes de la especie, ni los más inteligentes, sino aquellos más responsivos al cambio".
—Charles Darwin

"Hemos aprendido que ignorar los hechos no cambia los hechos."
—Anónimo

Una pausa para sonreír

"Mi fórmula para el éxito es levantarme temprano, trabajar hasta tarde y encontrar petróleo."
—J. Paul Getty

11 Tienen problemas personales significativos

¿Por qué?

Se enfrentan a enfermedades físicas o mentales severas, dificultades en su relación o condiciones sociales que podrían haber estado presentes, aunque no fueran evidentes, cuando se los contrató. Podrían haberse desarrollado y empeorado en un periodo de meses o años, y sólo ahora han llegado a la etapa en la que están causando un serio problema de desempeño.

La gran mayoría de los empleados han tenido, o tendrán, dificultades personales. Es una parte normal de la vida. La mayoría puede manejar sus problemas, resolver la situación y continuar desempeñándose bien. Continúan con sus tareas sin ningún impacto negativo aparente en su conducta o desempeño. Sin embargo, para algunos pocos, la historia no es tan sencilla. La condición es tal que los abruma y se debaten por manejar la situación y continuar satisfaciendo las expectativas.

Los factores que influyen en el impacto en el desempeño incluyen elementos tales como: la complejidad, la severidad y la duración de la condición; la habilidad del individuo para manejar problemas; el apoyo de la red social a la que puedan acceder; la disponibilidad y costeabilidad de la atención profesional; su habilidad y voluntad de buscar ayuda.

Esos empleados cuyo desempeño sufre generalmente han desempeñado sus tareas satisfactoriamente en el pasado y, por lo tanto, sabemos que cuentan con las habilidades requeridas.

Podrían no satisfacer las expectativas cuando experimentan una o más de las siguientes situaciones: malestar emocional severo, problemas mentales, enfermedad física, adicciones, presiones financieras o conflictos en su relación.

Evite juzgar o estereotipar a aquellos que caen dentro de esta categoría. No son personas "malas". Simplemente son individuos pasando por dificultades extremas. Podrían ser de cualquier tipo de gente, de cualquier nivel de la empresa, de cualquier edad y de cualquier grupo étnico. Hay mucha gente famosa que ha experimentado uno o más de estos problemas. Frank W. Woolworth, el fundador de las tiendas *F.W. Woolworth*, por ejemplo, sufrió dos ataques de depresión largos en su vida, uno en un momento en el que tenía quinientas tiendas en operación y más adelante en su vida, cuando tenía mil quinientas tiendas. Después de cada ataque, regresó y continuó expandiendo su empresa. Mike Wallace, del programa de televisión *60 Minutes*, ha admitido haber sufrido tres ataques serios de depresión. La esposa del ex presidente de Estados Unidos Gerald Ford, Betty, batalló con la adicción. La historia ha mostrado que muchos artistas, escritores y compositores famosos, han sido atacados por una variedad de problemas mentales. Nuestros noticiosos regularmente reportan las adicciones a la cocaína y heroína de actores, deportistas célebres y otros.

La conexión: de actitudes a resultados

La mayoría de las personas dentro de las categorías anteriores se sienten renuentes a revelar sus problemas. Sea una enfermedad mental o física, creen que admitir una dificultad podría poner en peligro su seguridad laboral o posibilidad de ascenso y afectar la manera en la que son vistas por los directivos, compañeros de trabajo y otros. Piensan que pueden hacer su trabajo lo suficientemente bien como escapar a la detección y no ven más alternativa que la de avanzar lo mejor que puedan.

Los sentimientos que experimentan van de la ansiedad ante la posibilidad de ser detectados a la confusión para manejar la cada vez más difícil situación, la inseguridad sobre el trabajo y las relaciones, el miedo a lo que pueda pasar después y sentimientos de vergüenza e impotencia sobre qué hacer y en quién confiar.

Aquellos con problemas de salud están preocupados por su mortalidad, el costo del tratamiento médico y el bienestar futuro de aquellos que más les importan.

Generalmente, intentan hacer su trabajo lo mejor que pueden porque dependen de la entrada. Sin embargo, debido a su enfermedad particular, ya sea física o psicológica, generalmente sufrirán algunas dificultades. Podría ser que estén confundidos, sean incapaces de concentrarse, estén distraídos y preocupados. Podrían debatirse para mantener la calidad, volumen o límites de tiempo de su producción. Podría haber estallidos emocionales en los que la ira y la hostilidad que los impulsen a ataques físicos o verbales contra compañeros de trabajo, clientes o proveedores. Podrían aislarse, evitando situaciones normales, ciertas responsabilidades o personas. En ocasiones, durante el día, podrían desaparecer inexplicablemente de su lugar de trabajo. Hay una frecuencia mayor de ausentismo entre los trabajadores con problemas. Este ausentismo podría seguir un patrón; podría suceder siempre los viernes y / o los lunes, o en tres o cuatro días consecutivos de cada mes. Tienden a experimentar problemas médicos con más frecuencia que los demás a causa de sus problemas básicos. Podría haber señales observables de enfermedad o adicción, tales como inseguridad al caminar, olor a alcohol o marihuana en su aliento (o enjuague bucal, ajo o cualquier otra sustancia que utilicen para enmascarar el olor).

Estos problemas serios generalmente resultan en ausentismo, errores, evitar responsabilidades, productividad reducida y relaciones tensas o confrontaciones con otros empleados o el gerente.

CUANDO EL TRABAJO ES UN REFUGIO

Grant sabía que tenía una revisión difícil de desempeño que conducir. Sentía que se había preparado cuidadosamente para hablar con Frank sobre sus problemas de memoria, las consecuencias y la posibilidad de que éste se jubilara antes de tiempo. Cuando terminó le pareció que le entrevista había salido bien. Habían discutido varios proyectos y elementos de desempeño y luego, amablemente, Grant había hecho la observación de que Frank parecía estar perdiendo su memoria, aun con tareas cotidianas sencillas.

"Frank, ha trabajado más de treinta y seis años", dijo de manera amistosa. "¿Por qué no piensa en una jubilación temprana en unos pocos meses, cuando cumpla sesenta y tres, o antes si así lo desea?"

Frank asintió con la cabeza y prometió pensar al respecto.

Ese fin de semana, sin advertencia o palabra alguna, Frank compró una manguera, condujo hasta un sitio apartado, conectó la manguera al caño de escape del coche y se asfixió. Fue sólo después que la dirección pudo unir los detalles de por qué había sucedido. Se enteraron de que un matrimonio largo y desdichado, más el ataque de la enfermedad de Alzheimer, coronado por la sugerencia de una jubilación temprana, detonaron el suicidio. Frank sentía que el trabajo era su roca y su refugio. Parecía no haber otro motivo para vivir.

Este resultado terrible y triste podría haber sido evitado si se hubiese actuado antes. Una vez que fueron obvias las señales de problemas de memoria y dificultades de desempeño, Grant tendría que haber hablado con Frank a fin de intentar descubrir los motivos y discutir las opciones posibles, incluso una visita al médico.

Nunca permita que se acumulen las preocupaciones para luego intentar resolverlas todas durante la revisión anual de desempeño. Trate con los asuntos a medida que surjan, uno a uno.

EL INSIDIOSO ENEMIGO INTERNO

En ocasiones, los rumores son los precursores de los hechos. Había rumores de que Michael estaba en algún tipo de dificultad. Caminaba con inseguridad, hablaba arrastrando las palabras, y actuaba como si estuviese débil y cansado. Parecía estar empeorando. Sin embargo, cuando se le preguntaba si tenía un problema o si necesitaba ayuda ignoraba las preguntas. Veintiséis años con la empresa, nueve de ellos en la gerencia, Michael era un directivo sólido y respetado, un hombre que apreciaba su independencia.

Aunque otros intentaban encubrir lo que estaba sucediendo, eventualmente uno de sus empleados cautelosa y renuentemente planteó la situación a Recursos Humanos. La única razón por la que lo hizo fue la de su preocupación por la seguridad de Michael. Este último seguía conduciendo y a menudo caminaba por la planta y por la propiedad poniéndose en riesgo de sufrir una lesión. Hicieron falta tres juntas con Recursos Humanos antes de que Michael aceptara hacerse un examen con el médico de la empresa. El diagnóstico fue enfermedad de Lou Gerhig. Los síntomas son un deterioro gradual en la fuerza muscular de todo el cuerpo, y no se conoce ninguna cura. El desafío era que la mente de Michael estaba perfectamente y sus procesos de pensamiento permanecían intactos, y él quería continuar trabajando por un periodo de tiempo. Pudo continuar haciéndolo porque sus tareas cambiaron y su lugar de trabajo se modificó para ajustarse a sus limitaciones. Delicadamente, y con gran sensibilidad, el gerente de Recursos Humanos, el gerente de Michael y la esposa de Michael finalmente lo convencieron de que continuar no era una opción viable debido al progreso de la enfermedad.

NO ESCUCHES, VEAS, HAGAS O HABLES DEL MAL

Esta empresa en particular tenía a cuatro personas en un lugar, y todas estaban en dificultades a causa del alcohol.

Dave estaba en el nivel ejecutivo, como director de Abastecimiento y Logística. Aquellos en su departamento y otros ejecutivos conocían su secreto. Una botella de escocés, guardada en la guantera de su automóvil de la empresa, estacionado en el estacionamiento ejecutivo, al que visitaba al menos dos veces al día, con uno u otro pretexto. Para esconder el aliento alcohólico, mascaba un pequeño pedazo de ajo o un chicle. El gerente general, con quien Dave se reportaba directamente, renuentemente persuadió a Dave de buscar ayuda.

Dave finalmente buscó ayuda, pasó un mes en rehabilitación, pero regresó a la adicción. Mientras que su recaída obviamente era responsabilidad personal de Dave, el gerente general tenía una culpa parcial porque no mantuvo la presión a que se reformase, ni lo hizo consistente y persistentemente. Finalmente, alentó a Dave a aceptar un paquete de jubilación temprana, él murió algunos años después, todavía adicto.

Ron era gerente en el Departamento de Recursos Humanos. Su consumo diario de alcohol comenzaba durante el desayuno. Esto era suficiente hasta el mediodía, cuando visitaba regularmente un restaurante cercano para almorzar. La comida generalmente consistía en un sándwich a medio comer y tres vasos de ron doble con agua. No hacía ningún esfuerzo por esconder el olor a alcohol, ya que lo bebía fuera de la empresa. Ron se reportaba al director de Recursos Humanos, quien evadía el tema diciendo que la adicción no afectaba el desempeño laboral de Ron, ignorando el hecho de que éste estaba dando un ejemplo completamente inapropiado para su puesto. Ron nunca buscó tratamiento, se retiró antes de tiempo y también murió siendo un adicto.

Lo que tenían en común Dave y Ron no es sólo su adicción al alcohol, sino el hecho de que eran malos y manipuladores en sus interacciones con otros en su grupo de colegas y con sus subordinados. Este aspecto de su conducta no era conocido por el gerente general. Este último escogió ignorar el conocido problema de bebida porque ambos hombres parecían estarse desempeñando adecuadamente.

Jack Menzies era un supervisor en Planeación de Producción. Nuevamente, quienes estaban en el área y en departamentos relacionados sabían que tenía un problema con el alcohol. Nadie en un puesto de autoridad estaba dispuesto a confrontar a Jack y producir un cambio hasta que Larry Wilson fue nombrado gerente del departamento. A la primera señal de un problema relacionado con el alcohol llamó inmediatamente a Jack a su oficina y calmadamente le dijo que su problema era bien conocido. Le dio ejemplos y le dijo que, a partir de ese momento, estas conductas y lapsos de desempeño no serían tolerados.

Larry dijo: "Jack, ahora tiene dos opciones: puede continuar bebiendo y yo tendré que usar procedimientos disciplinarios correctivos, o puede finalmente buscar la ayuda que necesita a través de nuestro Programa de Asistencia a los Empleados. ¿Qué hará? Piense en ello esta noche y hablaremos de nuevo mañana."

Al día siguiente, Jack dijo que quería ayuda y que comenzaría el difícil proceso de dejar su hábito. Durante las siguientes semanas, recibió terapia y se unió a Alcohólicos Anónimos. Dos meses después, la Sra. Menzies llamo a Larry.

"Señor Wilson", dijo. Jack me contó sobre el ultimátum que le impuso y lo llamo para darle las gracias por lo que ha hecho. Usted no sólo ha cambiado a Jack, ha cambiado nuestra situación financiera y finalmente nos estamos volviendo una familia normal nuevamente. Usted nos ha devuelto un marido y a un padre. Nunca podré agradecérselo lo suficiente."

Larry salvó la vida de una persona tan seguramente como un bombero que saca a alguien de un edificio en llamas.

También estaba Scotty Ferguson. Fue despedido tres veces de su empleo en la planta por consumir alcohol en las instalaciones de la empresa. Tres veces el sindicato, como exigencia final en sus negociaciones de contrato, insistió en su regreso. Scotty era un hombre agradable que nunca había perdido su acento escocés o seco sentido celta del humor. A pesar de sus periodos en recuperación, advertencias de la gerencia y los despidos, no se podía librar de su dependencia al alcohol. Una semana después de regresar al trabajo lo encontraron inconsciente en el suelo del baño, yaciendo en un charco de vómito.

"Déjenme solo", les dijo a quienes lo llevaron a su departamento sórdido y oscuro. "Dejen de traerme de regreso.

Sé que la bebida va a matarme y no me importa."

Estas fueron las últimas palabras que les dijo Scotty a sus colegas. Lo encontraron muerto cuatro meses después.

Lo que es interesante de este ejemplo es la manera en la que se manejó cada situación. Mientras que se permitió que los problemas de bebida de Dave, Ron y Scotty continuasen por un periodo largo de tiempo, Larry recibió ayuda porque su jefe nuevo enfrentó el asunto tan pronto como éste se hizo aparente.

¿Cuándo y por qué ocurre este tipo de problema?

Los investigadores y científicos están haciendo avances gigantescos en su conocimiento de las causas tanto de las enfermedades físicas como mentales. Sin embargo, lo que han averiguado es sólo la punta del iceberg. Existen causas innumerables para estos problemas. Podrían ser genéticos, ambientales, o conductas aprendidas. Es mejor dejar el análisis de las causas especificas a los profesionales entrenados y experimentados en esta área.

Variaciones de este problema

Los problemas personales significativos tienden a caer dentro de las siguientes cinco categorías principales:

- **Problemas físicos de salud** —que podrían ir del cáncer a las enfermedades cardiacas, apoplejías u otra dentro de muchas enfermedades serias.

- **Problemas emocionales** —tales como depresión crónica, trastorno bipolar, o conductas obsesivo-compulsivas u otras formas de desórdenes mentales.
- **Problemas de adicciones** —en los que la persona es adicta al alcohol, a los medicamentos por prescripción, a las drogas ilegales, al juego, a la pornografía o a una combinación de éstos.
- **Problemas financieros** —que podrían ser el resultado de malos hábitos de gasto de dinero, o malas decisiones de inversión, o el resultado de una adicción costosa que lleven a la deuda excesiva, un aumento en la desesperación y, en algunos casos extremos, a actos criminales para obtener los fondos necesarios.
- **Problemas familiares** —que podrían centrarse en un hijo, un cónyuge, o una situación de cuidado de un anciano o podría ser el resultado de alguna de las cosas antes mencionadas.

Un empleado podría parecer tener un problema matrimonial, pero la causa real a menudo es uno o más de los factores anteriores. Es común que alguna gente tenga un grupo de problemas entrecruzados. Por ejemplo, cuando existe un problema de alcohol, drogas o juego, por lo general también hay un problema económico debido a los costos involucrados. Si el individuo está casado, generalmente hay un problema familiar debido a los dos anteriores.

Los momentos de conducta errática podrían parecer lo suficientemente humanos o inocentes cuando se presentan. Pero tenemos que estar atentos a los asuntos profundos y complicados que podrían estar tras éstos. La pregunta es ¿cómo maneja esos asuntos?

Corregir el problema y prevenirlo en el futuro

Primero, no se deje abrumar por la complejidad y severidad de estas situaciones, ni por el volumen de información provista en este capítulo. Continúe leyendo y verá que su papel y responsabilidad en estos casos son muy diferentes a aquellas de los capítulos previos. Su desafío es servir de **catalizador necesario y positivo** para el tratamiento y la resolución.

Las enfermedades físicas y mentales se pueden tratar, pero no siempre se pueden curar. Tampoco se consideran un problema a no ser, y hasta, que afecten negativamente la conducta o desempeño, o sean un peligro para el individuo mismo u otros.

Evite la tentación de representar la parte del psicólogo o el psiquiatra. Escuche atentamente, pero no se inmiscuya en sus vidas.

Muchos de los famosos, al igual que aquellos en la población general, pueden trabajar y desempeñarse extremadamente bien una vez que han recibido tratamiento.

ADVERTENCIA

Nunca intente diagnosticar el problema, o acusar, o asesorar al empleado. Simplemente preséntele los hechos de la situación. Los consejos inapropiados podrían empeorar la situación. Siempre es mejor dejar la asistencia a profesionales que estén entrenados y tengan la experiencia en esta área particular.

Su papel y responsabilidad es convencer a quienes tienen dificultades personales para buscar y utilizar ayuda

profesional y hacerlo de una manera sensible pero firme. La tarea comienza por estar consciente de las conductas y deficiencias de desempeño que están empeorando y son inaceptables. Antes de reunirse con la persona usted debe:

- **Registrar los detalles** de fecha, hora, ubicación, situación y conducta o deficiencia de desempeño.
- **Aprender las políticas, procedimientos, prácticas pasadas y reglas de su organización** para tratar con este tipo de situaciones. Por ejemplo, en el caso de un problema con el alcohol, ¿prohíben las reglas de la empresa la posesión o consumo, o sólo el hecho de estar bajo la influencia del alcohol dentro de la propiedad de la empresa?
- **Obtener asesoría** sobre un plan paso a paso para una discusión con la persona. Generalmente, alguien de Recursos Humanos personalmente lo ayudará a prepararse para, y podría estar presente en, las conversaciones con el empleado.
- **Pensar sobre las reacciones posibles**, tales como la negación y las excusas. Prepárese para responder adecuadamente. Si es posible, realice una interpretación de roles sobre la situación con un especialista de Recursos Humanos para asegurarse de estar preparado.
- **Seleccione una oficina privada** en la que pueda reunirse con la persona sin ser observados y en un momento en el que haya pocas personas en el área. Sea sensible a la incomodidad que sentirá el empleado.

Comience su conversación de manera calmada y amistosa, tal vez con una pregunta. Los siguientes son algunos ejemplos del enfoque adecuado:

"Mary, gracias por tomarse el tiempo de reunirse conmigo."

"Tal vez no se haya dado cuenta, pero he estado preocupado por usted."

"¿Cómo se ha sentido últimamente?"

"¿Hay algo que la esté molestando? El motivo por el que pregunto es que recientemente he notado algunas cosas."

"Se ve más molesta de lo normal."

"El otro día, usted criticó a Carl y perdió la calma. Esto parece estar sucediendo más a menudo y volviéndose más serio. Su desempeño laboral también está descendiendo.

¿Me puede decir qué está sucediendo?"

Demuestre estar escuchando las respuestas. Asienta con la cabeza para alentar a que su interlocutor le dé más información. No interrumpa. Cuando la persona deje de hablar pregunte: "¿Hay algo más que sienta que es importante o que quiera compartir conmigo?"

Si la persona niega que hay un problema, eso no es inusual. Típicamente, los adictos niegan tener un problema y tienden a estar bien preparados con todo tipo de excusas.

Plantee que estas conductas no pueden ser pasadas por alto y aconseje al empleado diciéndole que hay ayuda disponible para él. En este punto infórmele del Programa de Asistencia a los Empleados de la empresa o sobre recursos comunales apropiados. Explíquele sus propósitos, cómo funcionan, el hecho de que los servicios son confidenciales y describa los pasos que deben seguir para acceder a este apoyo.

En este punto, es importante insistir en la decisión del empleado en cuanto a que dará el siguiente paso y contactará al centro de recursos o que intentarán mejorar sin ayuda. Adviértale de nuevo diciéndole que está preocupado y que lo apoyará, pero que las conductas y desempeño insatisfactorios no pueden continuar. Dígale que está atento a la mejoría y que, sin ésta, su único recurso será una disciplina correctiva progresiva.

Algunos empleados sólo admitirán un problema una vez que la disciplina progresiva haya llegado al grado en el que estén a punto de perder su empleo. Posiblemente, sólo entonces podrían admitir tener un problema y pedir ayuda. Anticipando esta tendencia, podría ser relevante decir: "Usted conoce mis expectativas, si por algún motivo siente que no puede satisfacerlas, venga a hablar conmigo antes de que la situación empeore".

En situaciones en las que el empleado no tiene control del problema, tales como en el de una enfermedad física, háblele al empleado de los beneficios médicos de la empresa y de toda provisión para incapacidades de largo plazo. Explore reasignaciones potenciales a tareas que el empleado pueda desarrollar.

El gerente que supervisa al adicto está en la posición de tener la influencia más poderosa para generar el cambio. "Autoridad para despedir" es la presión, misma que puede convencer al individuo de buscar ayuda. Sea consistente e implacable en su uso. La situación requiere de un equilibrio de firmeza y sensibilidad. Es lo que se conoce como "amor severo" en un entorno organizacional: el gerente tiene que seguir demostrando interés y preocupación mientras insiste en que se satisfagan las expectativas.

De la misma manera, el gerente puede ayudar a los empleados con asuntos financieros o de relaciones personales, no ofreciendo consejos personales, sino dándole la información pertinente sobre planes de beneficios y servicios de la empresa, y sobre servicios de consejería que estén disponibles en la comunidad.

Como ya se mencionó, estos tipos de problemas físicos o psicológicos pueden presentarse en cualquier etapa de la vida. Cuando empleados existentes desarrollan un problema, nuestro desafío y responsabilidad es lograr que utilicen tratamiento profesional efectivo.

Desde un punto de vista preventivo, lo mejor que podemos hacer es evitar contratar a quienes tienen problemas tan serios que éstos no les permitan desempeñarse según las expectativas. Esto generalmente puede lograrse durante el proceso de selección y evaluación. Los entrevistadores hábiles a menudo pueden identificar a quienes tienen tales problemas durante la entrevista y verificar lo que piensan en las revisiones de antecedentes y referencias.

Siempre tenga cuidado con aquellos que han tenido frecuentes cambios de empleo y esté atento a que el solicitante no haya asentado todos los puestos en los que trabajó.

Muchas personas con problemas físicos o mentales pueden ser empleados valiosos cuando están en puestos apropiados —que se ajusten a lo que "pueden hacer" y que no requieran que intenten lograr lo que "no pueden hacer". En el curso de la última década, los empleadores han dado grandes pasos en lo referente a la contratación de aquellos que previamente eran considerados imposibles de emplear. Como resultado, han ganado empleados que, cuando son apropiadamente ubicados, se desempeñan concienzudamente, con un espíritu agradable de servicio y gran lealtad.

ADVERTENCIA

Nunca comience acusando a alguien de tener un problema. Usted podría equivocarse. Comience hablando de las conductas observables y de las deficiencias de desempeño.

Observaciones

Volviendo a considerar nuestra historia de "No escucho, no veo, no hago y no hablo del mal", no es particularmente inusual encontrar tantos individuos con problemas de alcohol en una empresa. Las investigaciones sobre adicciones han determinado que, entre una de cada diez, o hasta una de cada trece, personas en América del Norte tiene un problema con la bebida.

Algunos no pueden ser ayudados a pesar de nuestros mejores esfuerzos, pero el intentarlo es lo que nos convierte en gerentes interesados y hace del mundo un lugar mejor. También genera respeto entre otros que están al tanto de nuestros esfuerzos y del apoyo de la empresa.

El individuo que actúa por su cuenta rara vez puede curarse de una adicción. Los hábitos pueden vencerse de esta manera, pero las adicciones no. Generalmente se requiere de asistencia profesional.

Por lo general el individuo no buscará este tipo de ayuda a no ser que se vea forzado a hacerlo por la amenaza de perder su empleo. La potencial pérdida del empleo es un motivador fuerte porque el trabajo provee del dinero necesario para alimentar el hábito. Un adicto a menudo se arriesgará a perder a su familia antes de hacer peligrar su empleo.

"La mayoría de las dificultades laborales y profesionales surgen de problemas emocionales y de personalidad, no de la ineptitud técnica o de los cambios tecnológicos. Los problemas emocionales son la causa principal de ausentismo, especialmente si están incluidos los síntomas físicos de los problemas emocionales."
—David. W. Krueger,
M.D., autor de *Emotional Business*

"Que ningún hombre puedan tratar de ayudar a otro sinceramente sin ayudarse a sí mismo es una de las compensaciones más bellas de esta vida."
—Ralph Waldo Emerson

Una pausa para sonreír

"La edad no siempre trae la sabiduría. A veces la edad viene sola".

Otra pausa para sonreír

"Doctor, tiene que ayudarme", suplico el paciente. "Sufro de amnesia, ¿qué debo hacer? "Vaya a casa y olvídese del asunto", respondió el médico.

12 Son deliberadamente disruptivos, destructivos, poco éticos o peligrosos

¿Por qué?

Unos pocos en la fuerza laboral han desarrollado una profunda desconfianza a las figuras de autoridad. En algunos casos extremos, esto va más allá de la desconfianza, a la ira o el odio. En otros casos, estos sentimientos son el resultado de abuso emocional o físico en la niñez. Otros sufren de incapacidades de aprendizaje no detectadas y les ocasionaron la baja autoestima y la persecución injustificada. En las situaciones más raras y extremas, la persona tiene un problema mental severo o es un delincuente psicótico.

En todo lugar de trabajo encontrará una amplia gama de personalidades. Pocos son los individuos que sufren alguna forma de condición psicopática clínica. Es algo parecido a lo que sucede con la población de una ciudad. Se conoce a todo tipo de gente, pero una pequeña minoría puede hacer un daño que excede en mucho su cifra.

La conexión: de actitudes a resultados

Los empleados disruptivos generalmente piensan que aquellos en un puesto de autoridad son deshonestos, explotadores e indiferentes. Creen que la gerencia ignora deliberadamente las condiciones y situaciones en las cuales trabaja la gente, y que hacen lo menos posible por los trabajadores porque simplemente no pueden ser molestados, no les importa o sólo están interesados en maximizar las ganancias.

Unos pocos dentro de esta categoría albergan una desconfianza penetrante hacia la gente con autoridad. "El jefe nos hace la vida pesada", dicen, "hagámosle la vida difícil a él." Algunos expresan estos sentimientos a través de una huelga dañina; es divertido "jalarle la cola al tigre". Quieren atención y la obtienen de una u otra manera. Dentro de un pequeño porcentaje, la desconfianza escala a la ira y el odio. Sienten una fuerte determinación a "perjudicarlos a ellos antes de que nos perjudiquen a nosotros", o viven por el lema "no te enojes, véngate". En raras ocasiones, las emociones suprimidas de desconfianza y resentimiento pueden explotar en ira.

Algunos controlan sus sentimientos aislándose; hacen lo que tienen que hacer y se van cuando se acaba el día. Otros ansían atención y reconocimiento y han descubierto que la única manera en la que pueden obtenerla es a través de conductas negativas extremas. Una minoría actúa de maneras que son perjudiciales para el gerente o la organización. En el mejor de los casos, ignoran las reglas y las regulaciones; en el peor, sabotean la propiedad de la empresa o el producto o servicio, y en casos extremos recurren a la violencia.

Utilizando su agresividad, podrían atraer a otros en el grupo de trabajo con sentimientos e intenciones similares (los que inflaman y explotan). Otros se dedican a actividades criminales, tales como pedir préstamos excesivos, vender drogas y robar propiedades de la empresa. Acosan agresivamente a compañeros empleados o intimidan a los supervisores y a los gerentes. El desempeño del empleado es restringido, afectando a la productividad, calidad, costos y moral.

Algunos de estos individuos comienzan con ofensas

relativamente menores y, con el tiempo, aumentan la seriedad de sus acciones. Ponen a prueba la paciencia y tolerancia de la gerencia al sobrepasar todos los límites aceptables.

Varias veces al año leemos sobre un empleado que ha entrado a su lugar de trabajo y asesinado al jefe o a sus compañeros. Por suerte, estas instancias son pocas y esporádicas, pero un gerente efectivo tiene que estar consciente de que esto puede suceder y debe mantenerse atento.

LOS "CUATRO JINETES"

Cada vez que había un problema en el piso de ventas estaban involucradas, de una u otra manera, las mismas cuatro personas. Ya fuera un problema de producción, uno de envío o un disturbio de empleados, el problema podía rastrarse a estos mismos cuatro. Generaban un flujo continuo de quejas.

Brian, el joven presidente, pensaba en el problemático cuarteto como en los Cuatro Jinetes del Apocalipsis. Brian había asumido su puesto un año antes, cuando se retiró su padre. Él se había desempeñado en casi todos los puestos de la planta durante los años en los que su padre lo preparó para la presidencia.

Pero Brian se sentía frustrado por las quejas interminables sobre los Cuatro Jinetes y por su incapacidad para corregir la situación. La gota que derramó el vaso cayó cuando los cuatro pidieron verlo en su oficina y le presentaron sus solicitudes firmadas para la membresía en el sindicato.

Amenazaron con "convocar al sindicato" si su lista de exigencias no se cumplía. (Esto es poco habitual porque, en la mayoría de los casos, un grupo tal como este simplemente habría permanecido oculto, enrolando a otros empleados sin atraer la atención de la gerencia.) Esta táctica nos llevó a creer que el cuarteto no estaba genuinamente interesado en sindicalizar la planta; era un juego de poder malintencionado dirigido a atemorizar al joven presidente.

Frustrado, llamó a los autores de este libro para asesorarse.

Después de entrevistar a cada uno de los empleados, nuestra recomendación fue la de formar una asociación de empleados que representara los intereses de éstos. También evitaría la entrada de un sindicato formal. Un Brian aliviado, los cuatro instigadores y los demás empleados estuvieron de acuerdo con la recomendación.

¿Problema solucionado? ¡Para nada! Cada vez que la asociación de empleados preparaba una lista de problemas y soluciones recomendadas, los cuatro aceptaban apoyarlas. Sin embargo, no bien la asociación de empleados recibía la aprobación de la gerencia, los cuatro rechazaban las medidas aprobadas; criticaban a la asociación de empleados y bloqueaban el avance de todas las maneras en las que les resultaba posible. Después de unos meses de sufrir estas frustraciones, el comité de la asociación de empleados renunció y advirtió a Brian que nadie más aceptaría participar. Brian volvió a llamar a los autores. Se le aconsejó despedir a los cuatro y pagar la liquidación legalmente requerida. Se le advirtió a Brian que era posible que los cuatro buscaran asesoría legal y que, si iban a juicio, lo que era probable, se les podría asignar una compensación adicional. Esto es exactamente lo que pasó.

Cuando Brian calculó los costos aplicables, quedó impresionado al ver que sumaban considerablemente más de setenta y cinco mil dólares. Pero cuando le dijeron que se podía anular el pago si volvía a contratar a los cuatro, su respuesta fue: "Ni en mil años, esta es la mejor inversión que he hecho en mi vida".

Los Cuatro Jinetes ofrecieron un ejemplo perfecto de cómo unos pocos empleados con problemas extremos de conducta debilitan deliberadamente los esfuerzos de la gerencia e intentan hacer que otros participen y hagan lo mismo.

FINALMENTE A SALVO —ARREPENTIDO NUNCA

El uso de los lentes de seguridad en la planta era una regla "grabada en piedra", como en muchas organizaciones. Steve era maquinista y había trabajado en la empresa tres años. Aunque su registro de ausentismos y demoras era peor que otros, era cuidadoso en limitar estas infracciones. Tenía una gran intuición para saber con qué se podía salir y con qué no. Luego, por alguna extraña razón, comenzó a jugar un juego de "atrápame si puedes" que involucró sus lentes de seguridad. Marcaba su entrada y comenzaba a caminar por la planta sin usarlos. Si veía al supervisor, se los ponía rápidamente. En otras ocasiones, se los ponía desde antes de entrar a la planta, pero se los sacaba después de algunos minutos. Modificaba sus tácticas todos los días.

Su supervisor le advirtió que tendría que tomar medidas disciplinarias si continuaba con esa conducta. Pero Steve estaba disfrutando el juego demasiado como para abandonarlo. Así que comenzó el proceso disciplinario, primero con una advertencia verbal, luego con una escrita, después con un día de suspensión. Con cada paso disciplinario, Steve insistía en que el sindicato la pelease con una queja. Continuó con su juego. Para añadir algo de variedad, había días en los que actuaba normalmente y seguía las reglas, y luego comenzaba de nuevo.

Otros empleados se dieron cuenta rápidamente de lo que estaba sucediendo y disfrutaban de la distracción. Esto le daba a Steve la atención y el estatus (de cierto tipo) que ansiaba y que lo alentaba a continuar.

El supervisor de Steve estaba enojado y frustrado; el hombre del comité del sindicato sentía lo mismo. Ninguno de ambos podía pensar en una manera de terminar el proceso que no fuese la del despido, que requeriría de muchas más horas y días de esfuerzo y disrupción mientras se seguía el inevitable proceso de la queja. Ambos pidieron ayuda al gerente de Relaciones Laborales de la empresa y éste programó una junta con Steve, el supervisor y el representante del sindicato.

"Steve", dijo el gerente de Relaciones Laborales en su estilo tranquilo, "el representante de su sindicato y su supervisor me han contado lo que ha estado sucediendo con los lentes de seguridad. Por favor dígame, ¿quiere continuar trabajando aquí?"

"Claro que sí", respondió Steve, "pero nadie puede obligarme a usar los lentes de seguridad cuando no quiero hacerlo."

"Permítame explicarle esto, Steve", respondió el gerente de Relaciones Laborales tranquila y serenamente. "Usted tiene toda la razón. Nadie puede, debe o tiene que vigilarlo para hacerlo usar los lentes de seguridad. Pero verá, Steve, es una condición laboral aquí. Si usted quiere este empleo, tiene que usarlos en todo momento dentro de la planta. Pero si ya no quiere seguir trabajando aquí entonces, por supuesto, no tiene que usarlos."

Steve miró a su representante del sindicato, quien asintió. "No hay problema, ahora que comprendo que así son las cosas, los usaré."

Este juego había terminado. Sin embargo, pasaron sólo unos pocos meses para que Steve inventara un juego nuevo para molestar a su supervisor y a la empresa. Se requirió casi de un año de acciones disciplinarias, pero al final fue despedido. Simplemente no podía y no quería cambiar.

LA SALIDA DE AL

Las conductas de Al eran bastante parecidas a las de Steve. Una empresa, un tipo de trabajo y una edad diferentes, pero una historia de acciones deliberadas y disruptivas llevaron al mismo resultado: el despido. Sólo incluimos este breve ejemplo debido a las palabras finales que le dijo Al al dueño de la empresa.

"No sé por qué lo hago", dijo antes de salir por la puerta. "Hice lo mismo en mi último empleo. Simplemente hago estas cosas hasta que llego demasiado lejos. No puedo evitarlo. ¿Por qué no me despidió antes? Lo merecía."

Las conductas de Al se hubieran podido evitar totalmente si aquellos que lo contrataron hubiesen reconocido el patrón de su historia de frecuentes cambios de empleo y se hubieran tomado el tiempo para llevar a cabo chequeos efectivos de referencias para determinar los motivos.

UN REGALO Y LA PRESENTACIÓN

Ross era solitario, hosco y retraído. Proyectaba un aura de resentimiento y sospecha que sugería que siempre estaba enojado. Hacía su trabajo como se requería, pero aportaba un sentimiento de incomodidad al área de trabajo. Normalmente Art, su supervisor, lo aceptaba como era y lo dejaba solo. Luego surgió algo que cambiaría las percepciones de Art y de sus compañeros de trabajo.

Un empleado agradable y respetado se iba a jubilar y se había planeado una presentación informal para el mes siguiente. Le pidieron a Art que preparase algo para entregarle al jubilado en reconocimiento a su servicio. Podía ser gracioso o no. Art le pidió ideas a su gente, y alguien mencionó que Ross tenía un gran talento natural para tallar madera. Posiblemente él pudiera hacer un regalo único. Un poco inseguro de la reacción que generaría, Art le dijo a Ross la idea y cómo se había enterado de su talento. ¿Lo haría? Serenamente, Ross dijo que lo haría.

Tres semanas después, puntualmente, llegó con un paquete envuelto en papel café y se lo entregó a Art. Cuando éste lo desenvolvió, quedó sorprendido. Era una obra de arte, un tallado de un pescador, un río, montaña, nubes y árboles, todo hecho en pino y con un acabado suave. Art quedó sin palabras. Ross observaba su reacción y la disfrutaba. Art lo felicitó de todas las maneras en las que pudo pensar.

"Hay sólo una cosa que falta", dijo cuando entregaba la obra. "Necesita su firma y fecha en la parte de atrás, todos los grandes artistas firman sus obras."

Con gran orgullo, Ross firmó y puso la fecha utilizando un marcador. Art terminó preguntándole si, en la presentación, Ross le entregaría el tallado al compañero jubilado después de que él pronunciara unas pocas palabras: "Está tan bien hecho", dijo Art, "que usted debería hacerlo." Ross se emocionó tanto que se ahogó y no pudo hablar. Simplemente asintió con la cabeza y se retiró.

A partir de ese día, la relación entre ambos hombres fue de respeto mutuo y comprensión. Ross seguía siendo callado, pero la atmósfera tensa que lo rodeaba había desaparecido.

¿Cuándo y por qué ocurre este tipo de problema?

Los empleados disruptivos y / o peligrosos generalmente son contratados con las características que los hacen ser así. En algunos casos, sus creencias negativas fueron generadas por el tratamiento que recibieron bajo un gerente previo. Cada cambio de empleo, cada gerente nuevo, los cambios en el área de trabajo o en las prácticas gerenciales han reforzado más su negatividad y, por lo tanto, han justificado sus conductas negativas. Llevan su perspectiva y conductas de empleo a empleo.

Pero, la causa raíz de su desconfianza en la autoridad a menudo es anterior a su experiencia laboral. Algunos de niños, otros como adultos jóvenes, fueron abusados o amenazados por gente con autoridad (padres, clérigos, maestros, policía, médicos, jefes u otros) y han llegado a creer que a aquellos en esos puestos de poder no les interesan sus dificultades, sus ideas o su potencial. Sienten que son tratados como si no valiesen nada. En algunos casos, tienen dificultades para comunicar sus frustraciones de manera clara y calmada. Por lo tanto, se guardan sus sentimientos, lo que eventualmente puede generar una explosión de ira.

Sólo recientemente los investigadores han visto que otros con problemas severos de ira (dentro y fuera de prisión) han tenido por mucho tiempo algún tipo de problema de aprendizaje. Esta condición nunca fue diagnosticada, resultando en que son calificados como de lento aprendizaje por los maestros, y son agredidos y ridiculizados por sus compañeros estudiantes. Recibieron malas calificaciones, abandonaron la escuela y han terminado en empleos sin importancia, desempleados, o involucrados en actos criminales, enojados y desconfiados de todos aquellos con autoridad.

Los psicólogos siguen sin estar seguros de por qué algunas personas recurren al asalto físico, a la destrucción de propiedad o a la actividad criminal. Sólo un psicólogo, después de entrevistar al individuo, podría ofrecer una opinión experta.

El punto es que los gerentes deben darse cuenta de lo que está sucediendo y manejarlo firme, consistente y prontamente, con sensibilidad. Sin importar la causa, los gerentes deben continuar concentrando sus discusiones en la conducta y el desempeño, ofreciendo ayuda profesional cuando sea lo apropiado.

Corregir el problema y prevenirlo en el futuro

El tipo de individuos que estamos discutiendo en este capítulo podría necesitar del "amor severo" descrito en el Capítulo 11. La situación es muy difícil de cambiar porque requiere de un enfoque de dos puntas:

- Primero, la persona que es su jefe directo tiene que aplicar **acciones disciplinarias correctivas progresivas** porque su conducta así lo requiere. El individuo aumentará deliberadamente la frecuencia y severidad de sus acciones negativas hasta que la persona a cargo reaccione.
- Segundo, aun cuando se estén aplicando acciones correctivas y el gerente o supervisor esté vigilando en busca de violaciones, es importante **observar qué se está haciendo bien** y, de ser posible, identificar talentos naturales únicos y logros y **comentarlos positivamente.**

Algunos de estos individuos responden sorprendentemente bien y con mucha rapidez cuando, por primera vez en sus vidas, reciben elogios y reconocimiento sinceros. Lamentablemente, algunos continúan con sus conductas inaceptables hasta que, eventualmente, son despedidos. La mejor forma de prevención es siempre contratar a la mejor gente disponible, a aquellas personas que pueden hacer y harán lo que usted espera.

En su proceso de reclutamiento, investigación y selección:

- Escuche cuidadosamente los **comentarios negativos** del solicitante. Cuando y si los escucha, dé seguimiento con preguntas sobre empleadores y supervisores previos a fin de identificar opiniones y experiencias que puedan haber sido negativas, y explore las razones.

- Manténgase particularmente alerta a un registro de empleos o currículum que indique **cambios frecuentes de empleo**. Estos podrían indicar conductas negativas, desempeño insatisfactorio o choques significativos de personalidad.

- Lamentablemente, cuando la economía está floreciendo podría haber pocos candidatos adecuados para las aptitudes específicas requeridas. **Sea paciente y busque todas las opciones diferentes a la contratación de este tipo de persona.** Esto podría resultar difícil cuando la necesidad es grande y el tiempo disponible es corto, pero podría lamentar por muchos años una decisión apresurada.

ADVERTENCIA

Siempre aconseje e involucre al personal de Recursos Humanos cuando sufra este tipo de problema. Mantenga un registro detallado de sus ofensas, porque generalmente desafiarán y negarán los hechos cuando la disciplina o el despido sean inminentes.

Hacer que el empleado firme el registro y darle a éste una copia tiene dos beneficios. Primero, no puede negar que fue advertido. Segundo, refuerza la seriedad de la situación.

ADVERTENCIA SUPREMA

A esos pocos individuos que tienen desórdenes mentales severos que requieren de tratamiento profesional no se les debe permitir el regreso al lugar de trabajo hasta que tal acción sea aprobada por el psiquiatra o psicólogo que lo está tratando.

Observaciones

A este individuo le ha llevado años desarrollar estas creencias negativas, no espere una mejoría inmediata. Tratar con este tipo de personas requiere de mucha atención, paciencia y persistencia. Es importante controlar nuestras emociones, lo que podría ser difícil considerando las circunstancias. Habrá ocasiones en las que usted se sentirá frustrado, pero no lo podrá demostrar. Si se maneja esta situación con efectividad, habrá tres grandes recompensas. La primera es que, eventualmente, de una u otra manera, se resolverá. La segunda es que, pasar por este proceso, por muy difícil y exigente que sea, será una de sus experiencias más valiosas. La tercera es que otros se darán cuenta de que actuará de manera similar cuando sea necesario, y lo respetarán por eso.

En algunos casos, podría penetrar las defensas cuidadosamente construidas de este tipo de individuos identificando algún talento, algo que hace bien, algún interés que tengan en común usted y el empleado, y algo de lo que puedan hablar. Este simple acto construye un puente, un lazo entre usted y el empleado, y neutraliza los sentimientos negativos que la persona ha guardado por muchos años.

Los que son deliberadamente disruptivos están enojados (no necesariamente con nosotros, sino con el mundo) y quieren respeto y atención (lo que a menudo no merecen). Busque acciones y logros que justifiquen los elogios y bríndelos oportunamente.

En sus acciones hacia ellos, sea particularmente firme y justo. Si usted no está siendo justo, ellos lo saben y usted sin querer refuerza sus creencias negativas sobre aquellos que tienen autoridad.

Hemos aprendido que bajo la dura capa protectora de todos puede haber una persona que quiere ser aceptada, apreciada y comprendida.

Se le debe dar un trofeo a cada persona en un puesto de autoridad que maneja efectiva y prontamente este tipo de problemas. Deberían calificar para santos por su valor, iniciativa, paciencia, persistencia y desempeño.

Son deliberadamente disruptivos, destructivos, poco éticos o peligrosos

*"Un gran entrenador hará que sus jugadores vean
lo que pueden ser, más que lo que son".*

—Ara Parseghian

Una pausa para sonreír

*Un cartel en una lavandería de Roma: "Damas, dejen
su ropa aquí y pásenla bien toda la tarde."*

Otra pausa para sonreír

*"Cuando salgas tarde de la oficina pasarás desapercibido. Cuando
salgas temprano, te encontrarás al jefe en el estacionamiento."*

—Lampner's Law

Cómo convertir las situaciones negativas en relaciones positivas

Imagine que somos supervisores de primera línea en una planta de gran volumen de partes automotrices. Mirando por un corredor de nuestro departamento vemos a Ryan, un joven empleado nuevo, se está inclinando sobre una plataforma de material y que no está usando sus lentes de protección. Sabemos que cuando fue contratado, hace dos semanas, se le dio un tour por la planta, se le informaron las reglas de la planta y se le entregaron tanto los lentes como las botas de seguridad.

Ryan obviamente está violando las reglas de seguridad de la empresa. El gerente de planta ha estado absolutamente dedicado a reducir las lesiones y a hacerlo eliminando los actos inseguros y las condiciones inseguras.

Tenemos una elección. Dado que el empleado es nuevo podríamos:

1. Ignorar el hecho, pensando que no sucederá de nuevo.
2. Acercarnos a él y decirle "póngase los lentes" y darle una cátedra dura.
3. Reprenderlo verbalmente y asentar una nota en su registro de personal.
4. Tomar una acción disciplinaria más seria en forma de una reprimenda escrita o una suspensión de medio día.

¿Qué acción elegiría y por qué?

Esta es una de las situaciones de las que se habla en el

curso de Unique Development *Liderazgo de primera línea* para supervisores y gerentes. Cuando los facilitadores piden una votación sobre si los participantes tomarían una acción disciplinaria, generalmente entre el setenta y ochenta por ciento dice que sí. Otro entre cinco y diez por ciento ignoraría la violación, y el quince o veinte por ciento restante generalmente opta por la cátedra dura.

Obviamente, ignorar la violación no es una opción. La reprimenda o acción disciplinaria son las acciones usadas con más frecuencia. ¿Pero es lo mejor?

Revise los hechos una vez más. Estamos tratando con:

• Un empleado joven
• En un empleo nuevo
• Posiblemente su primer empleo en una planta manufacturera
• Posiblemente confundido tratando de encontrar el artículo perdido, y...
• Podría haber otros factores involucrados (por ejemplo, sus lentes de seguridad podrían no quedarle bien).

Ahora, si suministramos una reprimenda o acción disciplinaria, ¿creará esto un sentimiento positivo o uno negativo? ¿Desarrollará o erosionará la relación?

Nuestro desafío en la gerencia es desarrollar constantemente credibilidad, confianza, respeto y una relación positiva—sí, **aún en situaciones disciplinaria.**

Un paso más positivo, en este caso, sería acercarse al empleado y comenzar por preguntarle:" ¿Tiene algún problema?"

Luego, de ser necesario, pregunte: "¿Les pasa algo malo

a sus lentes de seguridad?" Generalmente esto hará que el empleado entienda su violación e inicie una explicación. De no ser así, pregunte: "¿Recuerda la regla de seguridad respecto a los lentes de seguridad?"

De esta manera, no hemos acusado al empleado de nada, hemos recavado hechos útiles y ahora comprendemos mejor el punto de vista del empleado.

Ahora, en este momento, podríamos darle la reprimenda y añadir una advertencia sobre la posibilidad de una acción disciplinaria en el futuro. ¿Sería visto este enfoque como sensible o como insensible?

Nuestro desafío es tomar esta situación y convertirla en una experiencia positiva.

Otro enfoque, después de formular las preguntas, podría ser decirle: "Ryan, usted es nuevo y estoy seguro que quiere que le vaya bien, así que compartiré con usted una pasión mía y mi miedo más grande".

¿Cree que con estas palabras tenemos su atención? ¡Puede apostar a que sí!

"Mi gran pasión", continúa usted, "es la seguridad y el éxito de la gente en mi departamento, que lo incluye a usted. Mi miedo más grande es que uno de ustedes tenga un accidente y pierda un ojo, un brazo, una pierna o la vida. Esa sería una pérdida terrible. Afectaría su vida para siempre. Y ¿sabe? me temo que también me afectaría a mí para siempre."

"Pero ese no es mi peor miedo. Mi temor más grande es que yo no sabría qué decirle a su esposa o a sus padres. Decir 'Lo siento' no podría ser suficiente. Decir 'Le dije a Ryan que fuese más cuidadoso' tampoco lo sería. Tal vez si pudiera decir honestamente 'Hice todo lo posible, todo lo que estaba en mi poder para evitar que esto sucediese' tal vez eso ayudaría, pero sé que seguiría recordando la pérdida por muchos años."

"Así que necesito su ayuda, su promesa de que hará todo lo posible para trabajar con seguridad, de que lo hará conscientemente todos los días y que vigilará a los demás. ¿Puedo contar con usted?"

Tal enfoque genera respeto y una relación no sólo con esa persona, sino con otros que eventualmente se enteren de ello. **Desarrollamos una reputación positiva con lo que decimos y con cómo lo decimos**.

DEGRADAR O DESARROLLAR, ¿QUÉ PIENSA, BOB?

Gary tenía un problema de desempeño. Esto lo desalentaba. Lo frustraba. Todo se debía a Jeff. Cinco meses antes de que hubiese escogido a Jeff de entre los empleados por hora para nombrarlo supervisor. Pensándolo ahora, sabía por qué: Jeff era inteligente, confiable, trabajador, cooperativo y agradable. Además, Jeff conocía las operaciones de varios departamentos. Definitivamente un ganador, pensó Gary. Eso fue entonces, esto era ahora.

El departamento de Jeff estaba cumpliendo con los plazos de entrega, la calidad era grandiosa y su departamento era eficiente. Sin embargo, poco después de su ascenso, Jeff había comenzado a mostrar conductas negativas. Criticaba cada vez más a su gente. A menudo recurría a las humillaciones y a los comentarios despectivos. Los empleados afirmaban que estaba actuando de manera arrogante, que sentía que era "mejor que la gente con la que había trabajado". Resentían sus métodos. Se volvieron menos cooperativos y la cifra de quejas comenzó a aumentar.

Gary se había reunido con Jeff varias veces para entrenarlo y apoyarlo. Habían discutido la necesidad de mejorar las aptitudes humanas de Jeff. Este siempre estaba de acuerdo en que lo haría mejor, pero nada cambiaba. Cuando le preguntaban por qué, la respuesta de Jeff era: "No veo qué estoy haciendo mal y no sé cómo hacerlo de otra manera".

Gary pensaba que había hecho todo lo que podía hacer. Estaba frustrado porque todavía le agradaba Jeff y sentía que éste tenía grandes habilidades y cualidades. Degradar a Jeff a su puesto anterior complacería a los empleados, pero arruinaría la carrera de Jeff. Además, la vida sería difícil para él de vuelta en el piso de ventas. Con desesperación, Gary buscó un curso de liderazgo en el área que fuese apropiado. Tenía que ser práctico; tenía que contener pocas teorías, y con alto contenido en aptitudes prácticas. Finalmente, debía contener temas que requirieran de aplicación en el trabajo. Una vez que encontró el curso adecuado, llamó a Jeff a su oficina. Se sintió tentado a ordenarle que tomase el curso, pero eso hubiese podido causar su oposición, resentimiento y negativa a asistir. Pensando al respecto, tuvo la corazonada de que Jeff agradecería la oportunidad. Si estaba equivocado en lo que pensaba de Jeff, éste rechazaría la oferta.

En la conversación, evitó ser negativo de cualquier manera. No señaló la situación en deterioro dentro del departamento de Jeff, ni las quejas de los empleados.

"Jeff", dijo, "cuando lo escogí para el ascenso fue por sus habilidades, experiencia, personalidad y voluntad para llevar a cabo lo que hubiese que hacer. Quiero que sepa que, aun cuando ha habido algunas dificultades, sigo pensando que tomé la decisión correcta. Eso no nos facilita las cosas. Todavía no hemos encontrado una manera de suavizar esta situación difícil y encaminarlo hacia el éxito."

"Ahora he encontrado un curso que espero que ayude. Es una noche a la semana por diez semanas. Es práctico y requiere de aprender nuevas aptitudes y aplicarlas. ¿Está dispuesto a dedicarle diez noches a este esfuerzo?"

"Por supuesto que sí", respondió Jeff sin dudar ni un instante. "¿Cuándo empiezo?"

"Sí", pensó Gary. "Escogí al hombre correcto. Triunfará."

Después de la cuarta semana del curso, Gary comenzó a escuchar comentarios tales como "Jeff está cambiando". Era tiempo de hablar del curso, así que se reunió con Jeff.

"¿Cómo está yendo el curso?" Preguntó. "¿Qué lo han hecho hacer?"

"Va muy bien", respondió Jeff. "Nos pusieron a hacer dos cosas. Primero tuvimos que seleccionar un proyecto para mejorar algún aspecto del desempeño en nuestro departamento, involucrar a los empleados y estar preparados para presentar los resultados en la última sesión del curso. Segundo, tenemos la tarea de 'llegar a conocer a nuestra gente'".

Le entregó a Gary un papel. "Este es un formulario que nos dieron para registrar lo que hemos descubierto", dijo. "Tiene una columna para el nombre del empleado, una para lo que hace bien, una para sus intereses fuera del trabajo y una para aquello que le dé más orgullo haber logrado. Esto me ha abierto los ojos. Estas son buenas personas y tienen muchos de los mismos intereses que yo. Ahora tenemos algo de qué hablar aparte del trabajo."

Los empleados estaban diciendo lo mismo sobre Jeff. Por primera vez tuvo una relación positiva con su gente.

Por lo tanto, un problema de desempeño adecuadamente manejado fue una situación gana-gana para todos, para Jeff, para Gary y para los empleados. Ah, sí, no debemos olvidarlo, también fue una ganancia para la empresa.

LO QUE SE QUIERE VERSUS LO QUE ES MEJOR

En ocasiones, una oportunidad crea un desafío tan difícil como un problema de desempeño. A menudo, un problema es una oportunidad disfrazada.

Los rumores decían que iba a quedar vacante un puesto de gerente. Jerry era un supervisor con seis años de experiencia en el departamento y sentía que tenía las aptitudes necesarias. Esperando la oportunidad correcta, se acercó a Peter, su gerente, y le dio a conocer su interés. Peter, a su vez, prometió comunicarle la información a su vicepresidente, Kevin, lo que hizo.

Para Peter y Kevin, esta era una "papa caliente". Lo que lo convertía en un tema tan candente era que, aunque Jerry había sido supervisor por seis años, su mala relación con la gente en el área de trabajo había hecho que su desempeño fuese apenas aceptable. Otros candidatos estaban mejor calificados, y uno de éstos probablemente sería seleccionado para el puesto.

Kevin cambió la dirección y el tono de la discusión cuando le hizo una pregunta a Peter.

"Peter", dijo, "sé a través de nuestras discusiones de años que la debilidad básica de Jerry está en el área de las relaciones humanas, dígame dos cosas: ¿cuáles son sus áreas fuertes y qué tipo de puesto se ajustaría más a éstas? No intentemos responder a esto aquí y ahora. Vea las revisiones de desempeño pasadas, piense en sus tareas durante estos años y considere los proyectos pasados. Piense en uno o dos que lo hayan excitado y entusiasmado. Mientras tanto, dígale a Jerry que hemos hablado de su pedido y que hablaremos con él en unos días.»

Afortunadamente, la empresa era una importante institución financiera con seis oficinas regionales, cientos de sucursales y una gran oficina corporativa central. El tamaño de la empresa ampliaba el panorama de lo que estaba disponible y el número de opciones.

En su siguiente junta, los dos gerentes enumeraron las áreas fuertes de Jerry: aptitudes numéricas y analíticas, experiencia en varias áreas funcionales y un interés personal en bienes raíces e inversiones.

Entonces Peter tuvo una revelación.

"Sabe", dijo, "mientras nos damos cuenta de que Jerry carece de las aptitudes humanas de la supervisión, es sobresaliente en aptitudes relacionadas con los clientes. Disfruta de tratar con los clientes, sus problemas y sus objetivos."

Pensando en puestos potenciales para Jerry, identificaron tres. Ahora estaban listos para hablar con él.

Kevin dirigió la conversación. Comenzó por decirle a Jerry, francamente, que el puesto gerencial disponible se le adjudicaría a un candidato con más calificaciones. Luego dijo: "Jerry, su interés en este puesto inició una línea de pensamiento creativo en Peter y en mí mismo. Dándonos cuenta de que usted estaba interesado en un cambio de carrera, nos sentamos e hicimos una lista de sus áreas fuertes y sus habilidades. Le leeré la lista."

Cuando terminó, preguntó:" ¿Lo describe esto con justicia?" Jerry sólo asintió con la cabeza porque estaba demasiado emocionado como para hablar.

"¿Qué me dice del comentario de que usted parece disfrutar de trabajar con los clientes más que de hacerlo con los empleados?", preguntó Kevin. "¿Es eso correcto?"

Nuevamente, Jerry asintió con la cabeza.

"Entonces permítame compartir una idea", continuó Kevin, "una posibilidad en la que pensamos Peter y yo.

Hay vacantes de vez en cuando para Oficial Personal de Inversiones. Estas personas se reúnen con los clientes y los asesoran en el manejo de sus propiedades, inversiones, propiedad y asuntos personales en general. Es una responsabilidad seria y no todos están preparados para desempeñarla, pero pensamos que sería perfecta para usted. Mientras que el sueldo es prácticamente el mismo que recibe ahora, la satisfacción laboral podría ser mucho mayor y se eliminarían los problemas con los empleados. ¿Qué siente sobre esta posibilidad?"

"Todo suena perfecto", respondió Jerry cautelosamente, "pero esto es muy repentino. ¿Puedo pensarlo por un par de días?"

"Por supuesto", dijo Kevin. "Pero cuando lo haga, por favor tenga en cuenta que esto no sucederá de inmediato, podrían pasar unos meses. Debemos considerarlo su meta de carrera y trabajar para lograrla. Mientras tanto, háblelo con su esposa y manténgalo como un asunto confidencial, con el tiempo lo haremos suceder."

Cinco meses después se abrió una vacante y Jerry la obtuvo. Fue exitoso y disfrutaba de su trabajo. Peter pudo nombrar a una persona más adecuada para ocupar el puesto de Jerry. Todos ganaron.

Observaciones

Los ejemplos anteriores e historias similares contenidas en este libro ilustran los poderosos resultados que se logran al desarrollar soluciones positivas a los problemas de los empleados.

El éxito organizacional continuará siendo evaluado en el crecimiento de los ingresos totales y aumentos en las ganancias brutas, y la penetración de mercado. Sin embargo, muy pocas veces se reconocen a los gerentes, ejecutivos y supervisores de primera línea que encuentran soluciones gana-gana creativas a los problemas cotidianos, lo hacen con cuidado y pasión y, por lo tanto, contribuyen al éxito de la organización.

Ahora que lo sabe ... ¡HÁGALO!

La mayoría de los empleados quieren hacer lo que se espera de ellos, y quieren hacerlo bien. Por supuesto, en el otro extremo hay algunos pocos que hacen lo menos que pueden, y un número todavía menor que merece ser despedido y que virtualmente desafía al gerente a que lo haga.

Al considerar las doce razones por las que los empleados no hacen lo que se espera de ellos, nos damos cuenta de que la mayoría cae en uno de cuatro grupos:

1. Aquellos que son **impedidos u obstaculizados** por la falta de información, el conocimiento y los recursos, o que son limitados por otros en su desempeño. **Podrían** hacer, **quieren** hacer y **harían** lo que usted espera *si tuviesen el conocimiento y la información* que requieren y si su gerente se las diese.

2. Aquellos que **no están naturalmente adecuados** a los requerimientos de su empleo a causa de sus habilidades, intereses, características personales o valores. No pueden hacer fácil y efectivamente lo que requiere el trabajo. *Probablemente se desempeñarían bien en algún otro puesto.*

3. Aquellos que están **desmotivados** por la cultura y las circunstancias negativas. Ellos *podrían* hacer, *querrían* hacer y *harían* lo que se espera si *la gerencia corrigiera los aspectos negativos del área de trabajo.*

4. Aquellos que son obstaculizados por **problemas personales o enfermedades**. Ellos *no pueden*

hacer, pero **quieren** hacer, y algunos **harían** las cosas *si pudiesen obtener la ayuda profesional que necesitan para cambiar sus vidas.*

Todas las situaciones anteriores requieren de alguna acción por parte de la gerencia, a fin de eliminar las barreras y obstáculos que restringen su desempeño.

¿Por dónde comenzamos y que tenemos que hacer?

Cuando se le formulan estas preguntas, el viejo y sabio autor en la cima de la montaña, dijo: "Comienza donde estás, muévete en la dirección por la que debas ir, haz lo que tengas que hacer, pide ayuda cuando la necesites, y sigue avanzando hasta que llegues adonde debes ir".

¿No es irritante este consejo? Eso se debe a que es simple y es cierto.

Vea una vez más la sección Para Comenzar. Allí se mencionó que la mayoría de los problemas se deben a las razones cubiertas en los primeros capítulos, y que menos problemas son a causa de lo que explora en los capítulos finales.

Comience por estar consciente de qué se está y no se está haciendo, de qué está y no está pasando, y de cuáles son los resultados. Luego reconozca, elogie y apoye lo que se está haciendo bien. Después comience a eliminar obstáculos al mejor desempeño para aquellos que quieren ser y serán efectivos. Su gente se dará cuenta de que está dando los pasos necesarios y comenzará a ayudar y a responder. Una vez que ponga las cosas en marcha, utilice los 12 secretos como una lista de chequeo para el mejoramiento. Siempre comience con lo que le sea posible hacer—las cosas que puede hacer con relativa facilidad, rápidamente y a un costo mínimo. Luego aborde los asuntos más difíciles. Trabaje incansablemente para el mejoramiento continuo. Finalmente, siempre comparta la gloria.

La llave al éxito, el elemento más vital para cada uno de nosotros, lo que necesitamos hacer primero y siempre, es checar nuestras actitudes, creencias y percepciones personales.

Luego escoja ser un Gran Gerente y no un Gerente Implacable. Las diferencias son las siguientes:

GRANDES GERENTES	GERENTES IMPLACABLES
ACTITUDES	
Positivos y comprensivos	Negativos y críticos
Creen que la mayoría de los empleados quieren desempeñarse bien, que les importa la empresa y que aceptan las responsabilidades	Creen que la mayoría de los empleados son perezosos, no les importa la empresa y evitan las responsabilidades
Otros tienen muchas ideas	Los otros tienen pocas ideas
SENTIMIENTOS	
Confiados	Desconfiados
Respetan a los otros	Respetan poco a los otros
ACCIONES	
Entrenan, aconsejan y elogian	Critican, presionan y se quejan
Enfocados a la relación y a la tarea	Totalmente enfocados a la tarea
Amigables / abiertos	Fríos / cerrados
Metas / estímulos	Reglas / imposición
Comprometidos / involucrados	Reservados / ausentes
Enfocados a la prevención	Se enfocan en la corrección

Observaciones

GRANDES GERENTES	GERENTES IMPLACABLES
Conocen a su gente, por lo tanto, obtienen respeto, confianza y cooperación.	Descuidan a su gente, por lo tanto, no se confía en ellos y generan confrontaciones.
Busca los problemas, los resuelve y evita su recurrencia en el futuro. Involucra a los empleados y obtiene apoyo.	Evitan los problemas. No les preocupa el futuro. Ignoran a los empleados y sufren oposición.
Desarrolla una red de colegas y asesores confiables a fin de obtener consejos y cooperación cuando sea necesario.	Autosuficientes, demasiado ocupados, no vale la pena el esfuerzo, no necesitan o valoran los consejos de otros.
Conoce el proceso de presupuesto / aprobación y, por lo tanto, son mejores en obtener los recursos que necesitan.	No conocen el proceso. Sienten que es demasiado complicado, que requiere de demasiado tiempo, y que no vale la pena conocerlo.
Comprenden el proceso total y la manera en la que se relaciona su departamento con los proveedores internos y los clientes internos y externos, desde la recepción del pedido hasta el envío final.	Despreocupados por el proceso general. Sólo les preocupan sus propias actividades departamentales.
Desarrollan su conocimiento de políticas de recursos humanos y prácticas pasadas. Por lo tanto, son seguros cuando tratan con problemas de empleados sobre una base apropiada y progresiva.	Debido a su inseguridad, a menudo evitan o ignoran las correcciones hasta que el problema está fuera de control. Luego actúan de manera exagerada.
Están conscientes de, y manejan adecuadamente a aquellos que se desempeñan de manera sobresaliente, de manera satisfactoria y de manera problemática.	Tienden a ignorar a los que se desempeñan sobresalientemente o bien. Se enfocan exageradamente en los empleados problema. Por lo tanto, pierden el apoyo de su mejor gente.
Creen en el aprendizaje continuo y, por lo tanto, buscan oportunidades de entrenamiento. Pagarán ellos mismos los cursos si es necesario.	Creen que "lo saben todo" y evitan las oportunidades de entrenamiento. Dicen: "Es una pérdida de tiempo" pero a menudo temen a un fracaso posible.

GRANDES GERENTES	GERENTES IMPLACABLES
Piensan que entrenar, preparar y dar mentoría a los empleados lleva a un mejor desempeño, genera la confianza y la cooperación y minimiza los errores. Comprenden que el enfoque de prueba y error es el más costoso, frustrante y peligroso.	Creen que los empleados deberían aprender por sí mismos, a través de prueba y error. "Nadie me enseñó a mí" es el comentario frecuente. Buscan excusas tales como: "No tenemos el tiempo o el presupuesto, no podemos hacerlo ahora por muchas razones."

Los gerentes implacables, a menudo crean los problemas mismos que desearian evitar a través de la evasión, la falta de conocimiento, el miedo al fracaso, la negligencia o el ego.

Los gerentes implacables no pueden molestarse en hacer lo que se recomienda, su excusas van de "no deberíamos tener que hacer" y "no podemos costearlo" a "estamos demasiado ocupados. La vida para ellos es ardua, un problema constante, llena de discusiones, resistencia y dolor.

Los grandes gerentes se toman y se dan el tiempo para hacer todas las cosas que previenen los problemas y generan el apoyo, respeto y confianza de los empleados. Por lo tanto, hacen que todo se vea fácil y sencillo.

"La única seguridad real que puede tener una persona en este mundo es una reserva de conocimiento, experiencia y habilidad"
–Henry Ford, empresario

Índice analítico

A

Abrumado 72

Aburridos 101

Acción disciplinaria 129,174-176

Acciones 15-17, 19-21, 28, 36, 50, 64, 69, 77, 91, 93, 97, 112, 122, 129-132, 138, 140, 162, 165-166, 169, 172, 175, 186 (*vea también* Conductas)

Aceptable 19, 37-39, 45-46, 51, 73, 94, 162, 180

Actitudes 14-15, 17, 20-21, 23, 38, 49, 51, 63, 72, 83, 92, 97, 100, 121, 134, 144, 160, 186

Actividades 35-26, 45, 64, 66, 69-70, 76, 84, 96, 161, 187

Acusación 56

Adecuación/Idoneidad 100, 103, 109

Adicciones 144, 152, 158

Análisis de valor 54

Antecedentes, chequeo de 114-115 (*vea también* Chequeo criminal y de crédito)

Aprobaciones 83, 88

Asalto 169

Asistencia 13, 33, 108, 115, 142, 158 (*vea también* Ausentismo)

Ausentismo 41-42, 45, 64, 101, 145-146, 159 (*vea también* Asistencia)

B

Berra, Yogi 48

Buffett, Warren 48, 62

C

Cambio 9, 17, 23, 34, 55, 62-64, 70, 72, 76, 87, 90, 96, 98, 101-102, 104-105, 129, 139, 142, 149

Causa raíz 21, 60, 70, 87, 107, 168

Chequeo criminal y de crédito 114-115 (*vea también* Chequeo de Antecedentes)

Churchill, Winston 99

Circunstancias 19, 34, 47, 54, 69, 75, 90, 101, 135, 171, 184

Clientes, quejas de los 52, 61, 74-75, 77-78, 81

Códigos de vestimenta 36

Compromiso 27, 84, 128-129, 137, 140-141

Comunicación 25, 31-32, 35, 39, 47, 60-61, 97-98, 107, 131, 138, 168, 180

Conducta 17, 19, 24, 36, 58, 97, 129-130, 137, 143, 149, 152-154, 164, 169

Conductas 16, 21, 27-28, 30, 35, 39, 46, 91, 93, 101, 119, 123, 127, 131-133, 135, 141, 149, 151-152, 154-156, 158, 161, 166, 168, 170, 177 (*vea también* Acciones)

Confianza 12, 16, 22, 29, 31, 44-45, 50, 84, 98, 104, 108, 110, 130, 133, 142

Conformidad 62

Confucio 82

Confusión 23, 34, 70, 145

Conocimiento(s) 7, 12, 51, 72, 80, 88,113, 118, 137, 151, 184, 187-188 (*vea también* Entrenamiento)

Consecuencias 16, 61, 94, 122-123, 129, 146 (*vea también* Resultados)

Contratación 75-76, 103-104, 106-107, 109-110, 118, 157, 170

Contrato, negociaciones de 92, 96, 150

Corazonada 178

Corregir 15-16, 20, 22, 34, 39, 50, 64, 73, 83, 90, 92-93, 100, 115, 132-133, 137, 143, 157, 166, 173

Cortesía 32-33

Credibilidad 97, 130, 175

Creencias 15, 27, 93, 122, 134, 168, 171-172, 186 (*vea también* Actitudes)

Cultura 10, 123, 133-134, 138, 140, 184 (*vea también* Lugar de trabajo)

Currículum 100, 108, 110, 113, 118, 170

D

Darwin, Charles 142

Decisiones 16, 24, 83, 87-88, 90, 102-103, 109-110, 112, 152

Defectos 84, 86, 90, 101

Deficiencias   19, 52, 83, 90, 127, 154, 158

Deliberadamente 160, 164

Depresión   144, 152

Desatención   60

Desempeño   12, 14-15, 19, 21, 24, 26, 28-30, 34-37, 39, 41, 43-44, 50-51, 54, 60,
    77, 79,81, 92, 94, 98, 101, 105-106, 109, 111-112, 118-119, 129-131, 135, 138,
    141, 143, 146-147, 149-150, 153-156, 158, 161, 169-170, 172, 177, 179-180,
    184-185, 188

Desilusionados 93, 133-134

Desmotivados 92, 133, 184

Desperdicio(s)   78-79, 134-135

Despido(s) 150, 166, 184, 170

Destructivos 1650

Devoluciones 52, 55

Disputa laborales 91

Disruptivos 160, 168, 172

E

Efectos 16 (*vea también* Resultados)

Eficiencia   83-84

Emerson, Ralph Waldo 159

Emociones 15-17, 72, 97, 161, 171

Enfermedad física   144, 156

Enfermedad mental   144

Entrenamiento   9, 12, 32, 68, 70, 74, 76, 78-81, 85-87, 102, 108, 111, 134, 187

Entrevistas 17, 75, 100, 110, 113, 118

Envenenado 52

Equipos 54, 88, 89, 141

Errores 24, 34, 51-52, 58, 72-73, 77, 86, 99, 146, 188

Evaluación 73, 80-81, 108, 110, 116-119, 157

Excusas   101, 122, 132, 154-155, 188

Expectativas   23-28, 30-37, 41, 43, 45, 47, 59, 61, 64, 68, 78, 91, 94, 98, 91, 94,

98, 106, 109, 111, 127, 129, 131, 141, 143,-145, 156-157

Experiencias   7, 12-13, 15, 22, 30, 78, 141, 170, 172

F

Finanzas   42-43, 83

Ford, Henry 188

Funciones   35, 89, 100

G

Gerentes Implacables 186-187

Getty, J. Paul 142

Grandes Gerentes 35 186-187

Greenspan, Alan 132

H

Herramientas   14, 22, 77, 83, 88, 94, 107, 117, 124

Hope, Bob 82

Huelgas/Paros de trabajo 93

I

Incentivos   32, 56, 125-126, 131-132

Indicadores   26, 28, 36, 41

Información   13-14, 19, 31, 57-58, 69, 83-86, 88, 97, 108, 111, 113-116, 118-119, 124, 133, 135, 153, 155, 157, 180, 182

Instrucciones   32-33, 51, 73-74, 76, 79, 92, 133

Ira 93, 145, 160-161, 168

L

Lampner's Law   173

Liderazgo   10, 67, 68, 75, 85, 92, 95, 125, 137, 139, 175, 178

Líderes, Formales o informales 91

Lincoln, Abraham 99

Listas de Urgencias 66

Lugar de trabajo 15, 45, 63, 66, 96, 133, 134, 145, 148, 160, 162, 171

M

Materiales 7, 31, 34, 59, 69, 73, 78, 83, 87-88, 105-106, 133

Mejoramiento continuo 62, 186

Metas 23-24, 32, 41, 43-44, 63, 67, 69-70, 131, 138, 186

Moral 64, 85, 90, 109, 133, 161

Motivación 82, 88, 109, 117, 138, 142

N

Negociaciones 92, 96, 98, 150

Normas 24, 49, 51, 59, 61-62, 79, 92, 113

Normas de Calidad 79

O

Observación 41, 118, 146

Observador de procesos 47

Oportunistas 121, 130-131

Organización 9, 13, 21, 36, 70-71, 79, 81, 100, 110, 116, 122, 124, 127, 136, 141, 154, 161, 183

Osler, Dr. William 71, 120

P

Parseghian, Ara 173

Pensamientos Zen 132

Percepciones 8, 15, 27, 134, 166, 186 (*vea también* Actitudes)

Perezoso(s) 21, 42, 186

Personalidad, característica de 102-103, 108, 113, 117-118

Políticas 34, 49, 61-62, 102, 154, 187

Preguntas 20, 26, 47, 68, 73, 79, 94, 106, 109, 111, 113-114, 147, 170, 176, 185

Prioridades 63, 66-68, 70-71, 87, 138 (*vea también* Lista de Urgencias)

Problemas   12-14, 17, 20-21, 31-32, 34-35, 45-46, 48, 0, 53, 67-68, 70, 72, 76-80, 85, 87-90, 94, 98, 108-110, 126-133, 141, 143, 147, 151-155, 157-159, 163-164, 168, 172, 181-183, 185, 187-188

Problemas familiares   28, 152

problemas personales 143, 151, 184

Procedimientos   49, 51-52, 59-62, 74, 102, 112, 121, 150, 154

Proceso   13-15, 17, 25, 28, 32, 34, 37, 54-56, 58-59, 61-62, 69, 75,78, 80-81, 84, 87, 89-90, 92-93, 95, 101, 110, 112, 121, 127, 148, 150, 157, 164-165, 170, 172, 187

Proceso de Desempeño, Diagrama del 14

Productividad   38-39, 41, 64, 84-85, 88-89, 93, 109, 125, 127, 135, 146, 161

Profecías autocumplidas 134

Programas de Asistencia a los Empleados 150, 155

Promesas   25-26, 138

Promociones /Ascensos   110

Protocolos   49

Punta de vista   113, 157, 176 (*vea también* Actitudes)

R

Rechazos   46, 52

Reclutamiento   105, 109, 170

Recompensas105, 122, 128, 131, 172

Recursos   63-65, 70-71, 80, 83-85, 87-90, 111, 121, 139-140, 155-156, 184, 187

Reducción 44-45, 55, 68, 72, 79

Referencias , cheque de 114, 118, 157 (*vea también* Antecedentes, Chequeo criminal y de crédito)

Reglas de conducta   36

Regulaciones   49, 51-52, 61-62, 103, 161

Relaciones, difíciles , positivas 12, 21, 95, 113, 145-146, 156, 174, 180

Rentabilidad   41, 50, 75-76, 103-104

Reportes   19, 31, 36, 40, 43-44, 49, 52-53, 66, 68, 123

Reputación   50, 62, 104, 107, 130, 177

Requerimientos del puesto   100, 114

Respeto   16, 26, 31-33, 44, 84, 98,102, 130, 133, 142, 158, 167, 172, 175, 177, 187-188

Responsabilidades   20-23, 25, 49, 62, 72, 75-76, 78, 80,84, 100-101, 109, 138-139, 145-146, 186

Resultados, tangibles, intangibles 17, 44-45, 78

Retrabajos   46, 61, 81

Retrasos   42

Rotación de personal   74, 76, 81

S

Salario(s)   77, 97, 105-107, 120, 133 (*vea también* Tarifa Salarial)

Seguimiento   32, 37, 45-47, 59, 61, 81, 115, 170

Seguridad   13, 16, 23-24, 30, 32-33, 40, 79, 99, 144-145, 147, 164-165, 174-177, 187-188

Sentimientos 16, 77, 93, 145, 160-161, 168, 172, 186 (*vea también* Emociones)

Sindicatos 92

Smothers, Tommy 62

Software   83

Sondeo de Causa(s) 14, 17, 77

Suicidio   146

Suministros   31, 59, 83, 88

T

Talentos naturales   101, 103, 118, 138, 169

Tareas   115, 20, 23-24, 35-36, 55, 64, 67, 70, 72, 76-78, 84, 100, 102-103, 108-112, 115, 121, 124, 141, 143, 146, 148, 156, 280

Tolerar 127

Tormenta de ideas   88

V

Valores   100, 104, 107, 111, 184